A1

Deutsch echt einfach

für Jugendliche

AF199621

von
Giorgio Motta

bearbeitet von
E. Danuta Machowiak
Silvia Dahmen (Phonetik)
Jan Szurmant (Landeskunde, Zwischenstopps)
Beata Ćwikowska (Videostationen)

a Alles Digitale zu diesem Buch kann auf der Lernplattform **allango** von Ernst Klett Sprachen abgerufen werden. So geht's:

| QR-Code scannen oder **www.allango.net** aufrufen | Buchtitel oder ISBN in der Suche eingeben und auf das Buchcover klicken | Zum Inhalt navigieren, direkt abrufen oder speichern |

Ernst Klett Sprachen
Stuttgart

Verwendete Symbole

 **AB-Übungen 1–8**   Hinweis auf passende Übungen im Übungsbuch

> HÖREN ▶ 12   Titelnummer der Aufnahme

> FILM 3 ▣▶   Hinweis auf den passenden Videofilm

Projektecke   Projekte für Gruppenarbeit

**Informationen und zu diesem Titel passende Produkte finden Sie auf
www.klett-sprachen.de/deutsch-echt-einfach**

1. Auflage   1 ⁵ ⁴ ³ | 2026 25 24

Giorgio Motta
© Original Work: Giorgio Motta „DAS – Lehrwerk für Deutsch"
Published by Loescher Editore, Torino (Italia) 2015. All rights reserved.
Editorial coordination: Elena Rivetti

Giorgio Motta
bearbeitet von E. Danuta Machowiak, Silvia Dahmen (Phonetik),
Jan Szurmant (Landeskunde, Zwischenstopps), Beata Ćwikowska (Videostationen)

Deutsch echt einfach
Internationale Ausgabe:
© Ernst Klett Sprachen GmbH, Rotebühlstr. 77, 70178 Stuttgart, 2016.
Alle Rechte vorbehalten. Die Nutzung der Inhalte für Text- und Data-Mining ist ausdrücklich vorbehalten und daher untersagt.
www.klett-sprachen.de

Redaktion: Beata Ćwikowska, Michael Krumm (MK Lektorat)
Beratung: Virginia Gil, Seniz Sutcu
Layoutkonzeption: grundmanngestaltung, Karlsruhe
Gestaltung und Satz: grundmanngestaltung, Karlsruhe
Umschlaggestaltung: Annette Siegel
Illustrationen: Monika Fucini, Turin
Druck und Bindung: Elanders Waiblingen GmbH

ISBN 978-3-12-676519-0

Inhaltsverzeichnis

Lektion 3
WAS MACHT IHR HEUTE NACHMITTAG?

Lektion 4
ANDERE LÄNDER, ANDERE SPRACHEN

Lektion 1
HALLO! WIE GEHT'S?

A Willkommen in der Klasse 9A!

Hallo! Ich heiße Julia. Wie heißt du?

Tag! Ich bin Fabian. Wer bist du?

Servus! Ich bin Mesut.

Guten Tag! Ich heiße Martin Schröder. Ich bin der Deutschlehrer.

Grüß dich! Ich heiße Hanna.

1 Hör zu und sprich nach. > HÖREN ▶ 1

2 Was sagen die Schüler und Herr Schröder? Ordne zu. > WORTSCHATZ

Grüß dich! • Tag! • Guten Tag! • Hallo! • Servus!

Julia:

Mesut:

Fabian:

Herr Schröder:

Hanna:

3 Kettenfragen. > SPRECHEN

Hallo, ich heiße Hanna. Wie heißt du? ▶ Servus, ich heiße Chris. Wie heißt du? ▶ Ich heiße …
Ich bin Julia. Wer bist du? ▶ Ich bin Paul. Wer bist du? ▶ Ich bin …

4 Bildet Dialoge. > SPRECHEN

- Ich bin Marco, und wie heißt du?
- Ich bin Andreas. Ich heiße Andreas Berg.

- Und wer ist das?
- Das ist Fabian, Fabian Hartmann.

5 Hör zu und schreib die Namen. > HÖREN ▶ 2

Grammatik		
I	II	III
Wer	bist	du?
Wie	heißt	du?

Wie heißen die Mädchen und die Jungen aus der Klasse 9A?

6 Hör zu und sprich nach. > HÖREN ▶ 3

0	1	2	3	4	5	6	7	8	9	10	11	12
null	eins	zwei	drei	vier	fünf	sechs	sieben	acht	neun	zehn	elf	zwölf

7 Schau dir die Klasse 9A eine Minute lang an. Mach dann das Buch zu.
Fragt und antwortet. > SPRECHEN

- Wer ist Nummer zwei?
- Nummer zwei ist ... Fabian!

AB-Übungen
1 – 9

B Pausengespräche

> Tag, Alex, wie geht's dir?
>
> Hallo, Lukas! Sehr gut!
>
> Und dir?
>
> Hallo, Sandra, wie geht's dir?
>
> Hi, Markus!
>
> Gut, danke! Und dir?
>
> Nicht schlecht!
>
> Super!
>
> Servus, Kerstin! Wie geht's dir?
>
> Grüß dich, Chris. Es geht. Und dir?
>
> Nicht so gut.

8 Hör zu und lies mit. Dann beantworte die Fragen. > HÖREN ▶ 4

Wie geht es Sandra? _____   Wie geht es Markus? _____

Wie geht es Alex? _____   Wie geht es Lukas? _____

Wie geht es Kerstin? _____   Wie geht es Chris? _____

9 Kettenübung. > SPRECHEN

Hallo, Fabian, wie geht's? ▶ Gut, danke! Hallo, …! Wie geht's? ▶ Danke, …

Sehr gut!   **Nicht schlecht.**   **Nicht so gut.**
Gut!   **Es geht.**   **Schlecht.**

10   Hör zu, lies mit und notiere die Handynummern. > HÖREN ▶ 5

2. Servus! Nein, ich bin Olga.

1. Hallo, du bist Sandra?

3. Olga, wie ist deine Handynummer?

4. Meine Handynummer ist: ...
Und wie ist deine Handynummer?

5. Meine Handynummer ist: ...
Tschüs, Olga!

6. Bis bald, Mesut!

BIOLOGIERAUM

Wie ist die Handynummer von Olga?

Wie ist die Handynummer von Mesut?

11   Antworte. > WORTSCHATZ

	Wie begrüßen sie sich?	Wie verabschieden sie sich?
Mesut		
Olga		

12   Spielt den Dialog in Paaren. > SPRECHEN

13 Wie ist die Handynummer von …? Antworte. > SPRECHEN

Julia	Fabian	Hanna	Lena	Paul
01781729530	01646135908	01656315809	01782837482	01617549016

Die Handynummer von Julia ist: …

14 Kettenfragen. > SPRECHEN

Wie ist deine Handynummer? Meine Handynummer ist … ▶ Und wie ist deine Handynummer? ▶ Meine …

AB-Übungen
10–18

C Wie heißt das auf Deutsch?

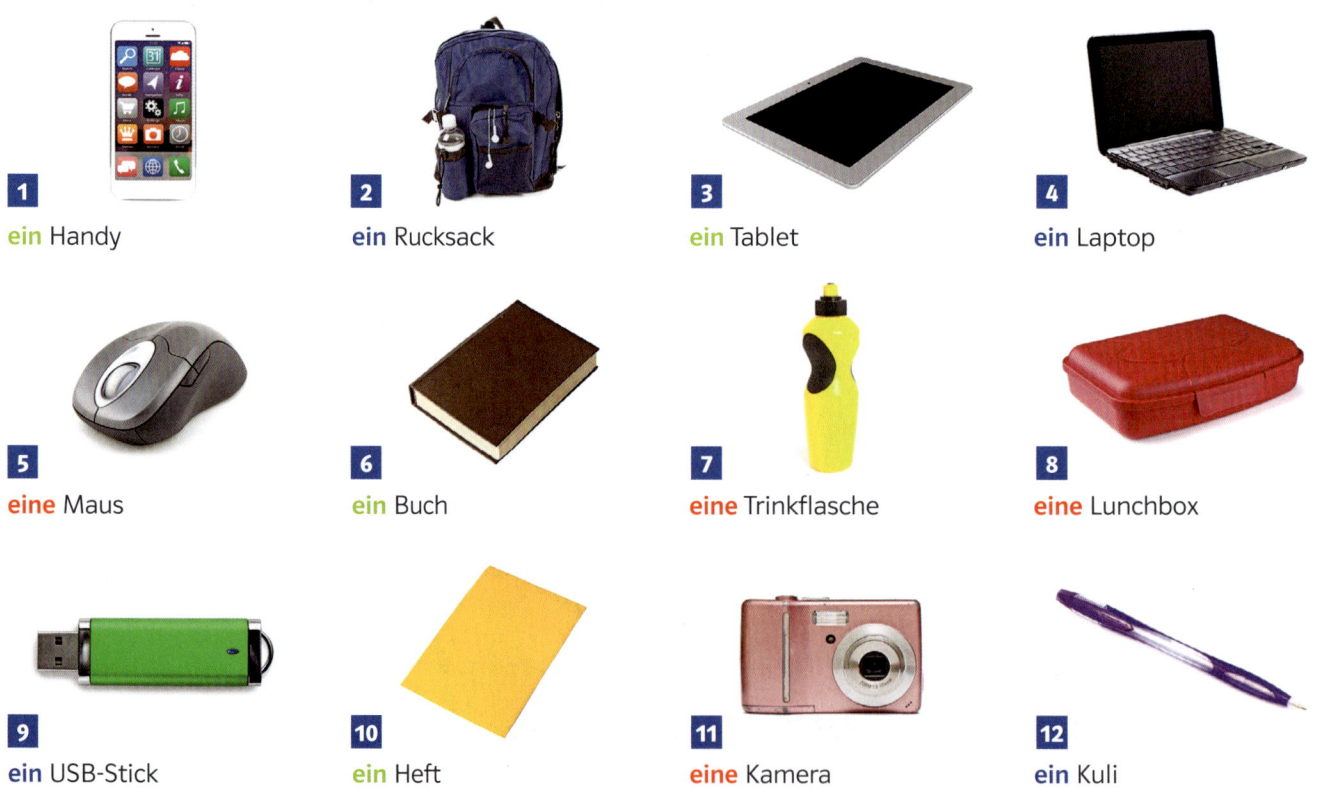

1 ein Handy

2 ein Rucksack

3 ein Tablet

4 ein Laptop

5 eine Maus

6 ein Buch

7 eine Trinkflasche

8 eine Lunchbox

9 ein USB-Stick

10 ein Heft

11 eine Kamera

12 ein Kuli

15 Hör zu und sprich nach. > HÖREN ▶ 6

16 Wie sind die Sachen? Verbinde.

1. Das ist **ein** Handy. **Das** Handy ist …   braun ⬤

2. Das ist **ein** Rucksack. **Der** Rucksack ist …   orange ⬤

3. Das ist **ein** Tablet. **Das** Tablet ist …   schwarz ⬤

4. Das ist **ein** Laptop. **Der** Laptop ist …   grün ⬤

5. Das ist **eine** Maus. **Die** Maus ist …   gelb ⬤

6. Das ist **ein** Buch. **Das** Buch ist …   rot ⬤

7. Das ist **eine** Trinkflasche. **Die** Trinkflasche ist … grau ⬤

8. Das ist **eine** Lunchbox. **Die** Lunchbox ist …   violett ⬤

9. Das ist **ein** USB-Stick. **Der** USB-Stick ist …   weiß ⬤

10. Das ist **ein** Heft. **Das** Heft ist …   blau ⬤

11. Das ist **eine** Kamera. **Die** Kamera ist …   rosa ⬤

12. Das ist **ein** Kuli. **Der** Kuli ist …   silbern ⬤

17 Zur Kontrolle. Hör zu und vergleiche. > HÖREN ▶ 7

Grammatik

ein Kuli	▶	der Kuli
eine Maus	▶	die Maus
ein Buch	▶	das Buch

18 Fragt und antwortet wie im Beispiel. > SPRECHEN

Was ist Nummer 3?
Nummer 3 ist ein Tablet.
Was ist Nummer 12?
Nummer 12 ist ein Kuli!

19 Ordne zu. > WORTSCHATZ

	ein / der	eine / die	ein / das
Kamera Handy			
Heft Tablet			
Rucksack USB-Stick			
Maus Laptop			
Buch Trinkflasche			
Kuli Lunchbox			

20 Ich frage, du antwortest ... Bildet Dialoge. > SPRECHEN

- Was ist rot?
- Die Lunchbox ist rot!

weiß	grün	grau	orange
blau	gelb	violett	rosa
schwarz	rot	braun	silbern

21 Kettenfragen > SPRECHEN

Wie ist der Rucksack? ▶ Der Rucksack ist blau. Wie ist das Handy? ▶ Das Handy ist …

22 Richtig oder falsch? Lies die Sätze und kreuze an. > WORTSCHATZ

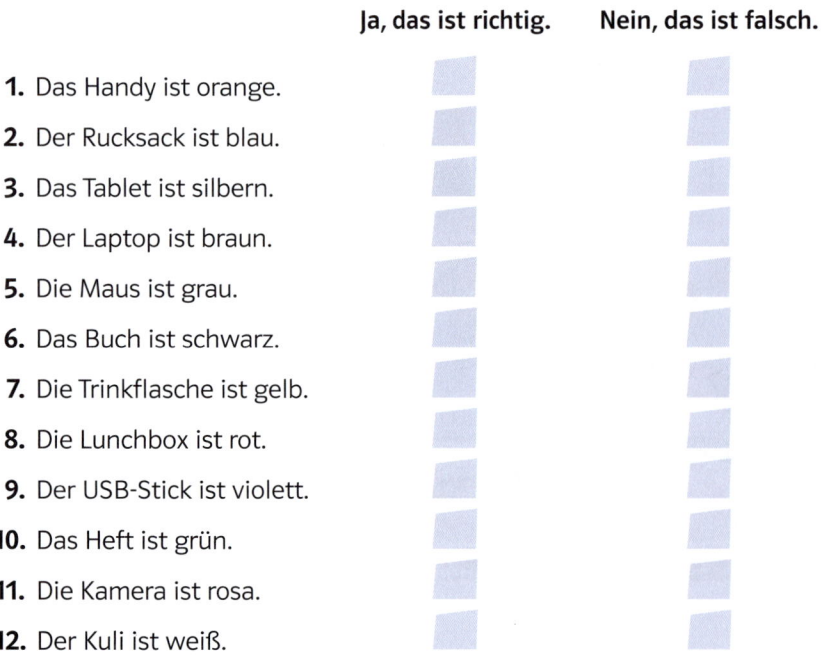

	Ja, das ist richtig.	Nein, das ist falsch.
1. Das Handy ist orange.		
2. Der Rucksack ist blau.		
3. Das Tablet ist silbern.		
4. Der Laptop ist braun.		
5. Die Maus ist grau.		
6. Das Buch ist schwarz.		
7. Die Trinkflasche ist gelb.		
8. Die Lunchbox ist rot.		
9. Der USB-Stick ist violett.		
10. Das Heft ist grün.		
11. Die Kamera ist rosa.		
12. Der Kuli ist weiß.		

23 Fragt und antwortet wie im Beispiel. > SPRECHEN

- ● Wie ist **dein** Rucksack?
- ● **Mein** Rucksack ist …

- ● Wie ist **deine** Lunchbox?
- ● **Meine** Lunchbox ist …

- ● Wie ist **dein** Handy?
- ● **Mein** Handy ist …

dein Tablet
dein Laptop
deine Maus
dein Buch
deine Trinkflasche
dein USB-Stick
dein Heft
deine Kamera
dein Kuli

24 Verabschiedung. Hör zu und sprich nach. > HÖREN ▶ 8

Die Schülerinnen und Schüler der Klasse 9A verabschieden sich!

Mach's gut!

Auf Wiedersehen!

Tschüs!

Bis bald!

AB-Übungen
19–28

Phonetik

1 Hör die Fragen und achte auf die Sprechmelodie. Zeichne Melodiepfeile
wie im Beispiel. > HÖREN ▶ 9

a. Wie heißt du? – Und wie heißt du?

b. Wo wohnst du? – Und wo wohnst du?

c. Wer bist du? – Und wer bist du?

d. Wie ist deine Handynummer? – Und wie ist deine Handynummer?

e. Wie alt bist du? – Und wie alt bist du?

f. Was ist das? – Und was ist das?

2 Sprich die Fragen aus **1** laut aus. Achte auf die richtige Sprechmelodie.

3 Wer? Und wer? Bildet in Paaren Fragen wie in **1**. Fragt und antwortet.

Landeskunde

In Deutschland, Österreich, Liechtenstein und in der Schweiz, aber auch in Regionen in Luxemburg, Ostbelgien, Südtirol, dem Elsass und Lothringen oder Schlesien: Deutsch ist die Muttersprache von mehr als 100 Millionen Menschen.

Nordsee

Ostsee

Berlin

7

3

6

Weimar

4

Frankfurt

1

10

Heidelberg

8

Wien

2

9

Basel

5

1 Lest die Texte in Paaren. Was versteht ihr?

Nicht nur für Bundesligastars: Deutsch ist eine wichtige Sprache im Berufsleben.

1

Für neue Freundschaften: 15 Millionen Menschen lernen Deutsch und weitere 70 Millionen sprechen Deutsch.

2

Zum Reisen: Deutschland, Österreich und die Schweiz sind interessant für Touristen.

3

Für den Tourismus: Deutschsprachige Touristen kommen auch in dein Land.

4

Zum Studieren: Das Studium in Deutschland, Österreich und in der Schweiz ist super und kostet wenig oder nichts.

5

Zum Forschen: Deutsch ist eine wichtige Sprache in Wissenschaft und Bildung.

8

Zum Lesen: Es gibt viele deutschsprachige Bücher, Zeitungen und Internetseiten.

6

Zum Entdecken: Berlin, Berlin, Berlin – eine der coolsten Städte der Welt.

7

Zum Hören: Deutschsprachige Musik ist populär, von Mozart bis *Rammstein* oder *Kraftwerk*.

9

Zum Staunen: Keine Sprache hat so lange Wörter wie Deutsch. Ein Beispiel ist Rhabarberbarbarabarbarenbartbarbierbierbarbärbel. Wiederhole, bitte!

10

2 Lange deutsche Wörter. Finde Beispiele im Wörterbuch.

Findet im Wörterbuch sehr lange deutsche Wörter, schreibt sie an die Tafel und erklärt die Bedeutung.

Projektecke **Warum lernt ihr Deutsch?**

Arbeitet in Gruppen. Schreibt in der Muttersprache drei Gründe. Dann sammelt die Ergebnisse und macht eine Klassenstatistik.

Warum lernen wir Deutsch?

1. …

2. …

3. …

1 Welches Foto passt zu welchem Dialog? Ordne zu. > LESEN

Dialog A

- Guten Tag, Frau Schmitz.
- Guten Tag, Niklas.

Dialog B

- Hallo, Tom. Wie geht´s?
- Hi, Lea. Mir geht es gut! Und dir?
- Auch nicht schlecht.

2 Wie stellen sich die Jugendlichen vor? Ergänze. > WORTSCHATZ

Hi! Ich bin Marion.

Und du?

Wer bist du?

3 Hör zu und notiere die Handynummern. > HÖREN ▶ 10

Telefonnummer 1:

Telefonnummer 2:

4 Wie ist ...? Ergänze die Sätze. > WORTSCHATZ

1. Eine Banane ist

2. Kaffee ist

3. Ketchup ist

4. Joghurt ist

5. Eine Jeans ist meistens

6. Ein Auto ist meistens

oder

5 Wo passt das? Trage ein. Dann ordne zu. > WORTSCHATZ

1. lukas094@web.de

2. www.deutschlernen.de

3. 069-23423456

4. Hafenstraße 67

Julia Weber

20097 Hamburg

An:

1.   lukas094@web.de ist

2.   www.deutschlernen.de ist

3.   069-23423456 ist

4.   Hafenstraße 67 ist

a. eine Telefonnummer

b. eine Postadresse

c. eine E-Mail-Adresse

d. eine Internetseite

Lektion 2 — MEINE FREUNDE UND BEKANNTEN

A Wo wohnt Julia?

1
- Guten Tag, Herr Schröder! Wie geht es Ihnen?
- Hallo, Julian! Danke, es geht mir sehr gut. Und wie geht es dir?
- Danke, auch gut!

2
- Sag mal, Mesut, wie alt bist du?
- Ich bin 14. Und du, Hanna, wie alt bist du?
- Ich bin auch 14.

3
- Julia, wo wohnst du?
- Ich wohne in der Mozartstraße 30. Und du, Fabian? Wo wohnst du?
- Ich wohne in der Parkstraße 20.

1 Situationen. Hör zu und sprich nach. > HÖREN ▶ 11

2 Richtig (R) oder falsch (F)? Lies die Dialoge und kreuze an. > LESEN

	R	F
1. Julian geht es nicht so gut.		
2. Hanna ist vierzehn Jahre alt.		
3. Fabian wohnt in der Mozartstraße.		

3 Ich frage, du antwortest … > SPRECHEN

- Wie heißt du? / Wer bist du?
- Ich heiße … / Ich bin …
- Wie geht es dir?
- Es geht mir …
- Wie alt bist du?
- Ich bin … Jahre alt.
- Wo wohnst du?
- Ich wohne in der …

4 Bildet Dialoge. > SPRECHEN

- Hallo, **Franziska**. Wie geht es **dir**?
- Gut!

- Guten Tag, **Frau Meier**. Wie geht es **Ihnen**?
- Es geht.

Sandra	Herr Berger	Jan	Frau Lange	Herr Weiß
schlecht	**sehr gut**	**nicht so gut**	**Es geht.**	**nicht schlecht**

5 Hör zu und sprich nach. > HÖREN ▶ 12

13	14	15	16	17	18	19	20
dreizehn	vierzehn	fünfzehn	sechzehn	siebzehn	achtzehn	neunzehn	zwanzig

21	22	23	24	25	26	27	28	29
einund-zwanzig	zweiund-zwanzig	dreiund-zwanzig	vierund-zwanzig	fünfund-zwanzig	sechsund-zwanzig	siebenund-zwanzig	achtund-zwanzig	neunund-zwanzig

6 Welche Zahlen hörst du? Kreuze an und lies vor. > HÖREN ▶ 13

7 Hör zu und sprich nach. > HÖREN ▶ 14

30	40	50	60	70	80	90
dreißig	vierzig	fünfzig	sechzig	siebzig	achtzig	neunzig

8 Ergänze die Zahlen. > WORTSCHATZ

21 = einundzwanzig

22 = zweiundzwanzig

23 =

29 =

30 = dreißig

35 =

37 =

40 = vierzig

48 =

50 = fünfzig

59 =

60 = sechzig

70 =

80 =

90 =

99 =

100 = einhundert

110 = einhundertzehn

200 =

250 =

1000 = eintausend

2000 =

> **Grammatik**
>
> **40** = vier + **zig**
> **50** = fünf + **zig**
> **60** = sechs + **zig**
> **70** = sieben + **zig**

9 Zur Kontrolle. Hör zu und sprich nach. > HÖREN ▶ 15

10 Schreib die Zahlen und beantworte die Frage. > WORTSCHATZ

Nummer 1: *fünfhundert Euro*

Nummer 2:

Nummer 3:

Nummer 4:

Nummer 5:

Nummer 6:

Nummer 7:

Wie viel Euro sind das zusammen?

11 Wo wohnen die Personen? Hör zu und notiere. > HÖREN ⊙ 16

1. Herr Schröder wohnt in der   *Kreuzstraße*

2. Hanna wohnt in der   *Hafenstraße*

3. Fabian wohnt in der   *Goldstraße*

4. Julia wohnt in der   *Bergstraße*

12 Kettenfragen. > SPRECHEN

Wo wohnst du? ▶ Ich wohne in der Parkstraße 10. Und du? Wo wohnst du? ▶ Ich wohne …

13 Was ist richtig: a, b oder c? Hör zu und kreuze an. > HÖREN ⊙ 17

1. Wie ist die Handynummer von Max?

  a.   0178 44 25 961   **b.**   0178 14 15 971   **c.**   0178 14 35 961

2. Wie ist die Adresse von Markus?

  a.   Schusterstraße 23   **b.**   Bergstraße 32   **c.**   Schulstraße 33

3. Wie alt ist Herr Schröder?

  a.   42 Jahre alt   **b.**   24 Jahre alt   **c.**   52 Jahre alt

4. Wie viel Euro hat Jens?

  a.   178 €   **b.**   187 €   **c.**   117 €

5. Was kostet das Handy von Mesut?

  a.   209 €   **b.**   319 €   **c.**   309 €

AB-Übungen
1–16

B Meine Facebook-Freunde

Ich bin 14 Jahre alt und heiße Lukas. Ich komme aus Deutschland und ich wohne in Berlin. Meine Freunde wohnen auch in Berlin, aber meine Facebook-Freunde kommen aus verschiedenen Ländern. Lenka kommt aus Tschechien und sie wohnt in Prag. Sie ist schon 16 Jahre alt und mag Mode. Sie zeichnet gern. Sven ist 15 und mag Pferde, er reitet gern. Sven kommt aus Schweden und wohnt in Stockholm. Adam aus Polen ist 14 Jahre alt. Er wohnt in Warschau und mag Spiele. Er spielt Computerspiele gern. Marina kommt aus Russland. Sie wohnt in Moskau. Sie ist auch 14 Jahre alt. Sie fotografiert gern. Bianka ist 13 Jahre alt, sie ist blond und sehr schön. Bianka kommt aus Österreich und wohnt in Wien. Bianka schwimmt gern und sie mag Kino. Und ich? Ich lerne gern Englisch und mag Bianka. Ich mag meine Facebook-Freunde.

14 Lies den Text und ergänze die Tabelle. > LESEN

Vorname	Alter	Land	Stadt
Lukas			
Lenka			
Sven		Schweden	
Adam	14 Jahre alt		
Marina			
Bianka			Wien

15 Wer wohnt da? Hör zu und notiere. > HÖREN ▶ 18

1.
2.
3.
4.
5.
6.

16 Wer macht was gern? Lies den Text aus 14 noch einmal und ergänze. > LESEN

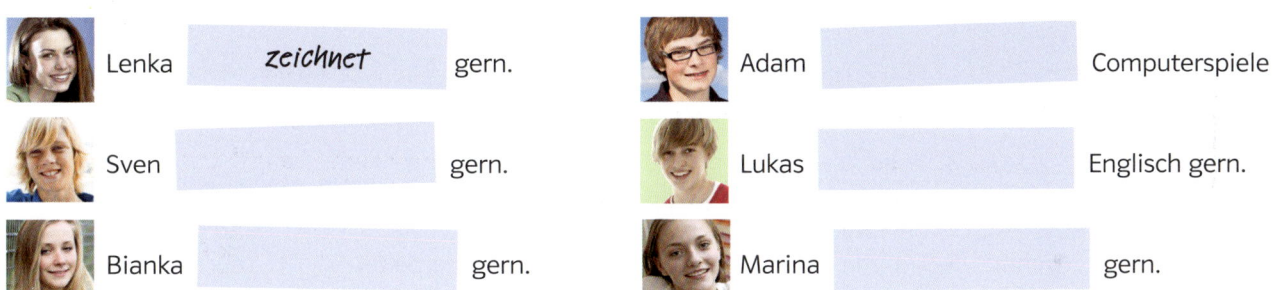

Lenka *zeichnet* gern.

Adam _____ Computerspiele gern.

Sven _____ gern.

Lukas _____ Englisch gern.

Bianka _____ gern.

Marina _____ gern.

17 *Er* oder *sie*? Ergänze. > WORTSCHATZ

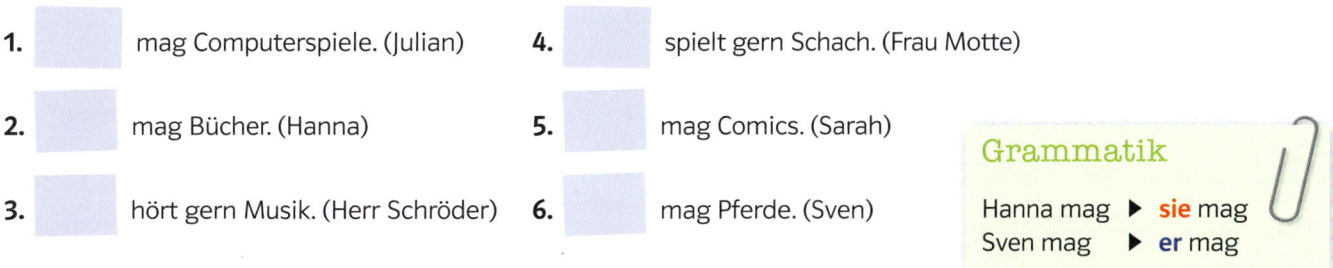

1. _____ mag Computerspiele. (Julian)

4. _____ spielt gern Schach. (Frau Motte)

2. _____ mag Bücher. (Hanna)

5. _____ mag Comics. (Sarah)

3. _____ hört gern Musik. (Herr Schröder)

6. _____ mag Pferde. (Sven)

Grammatik

Hanna mag ▶ **sie** mag
Sven mag ▶ **er** mag

18 Kettenfragen > SPRECHEN

Adam, was machst du gern? ▶ Ich spiele gern. Tanja, was machst du gern? ▶ Ich …

AB-Übungen
17–20

C Wer ist das?

19 Hör zu und lies mit. > HÖREN ▶ 19

Sebastian Kranz, 37, wohnt in Frankfurt und arbeitet bei der Bank. Er ist Informatiker. Er kommt aus Leipzig und ist verheiratet. Der Sohn von Herrn Kranz heißt Timo und er ist 4 Jahre alt. Die Frau von Herrn Kranz ist 35 Jahre alt und sie heißt Sandra. Frau Kranz spielt gern mit Timo. Herr Kranz mag Sport. Er joggt oft mit Sandra.

Karin Weber, 26, ist Studentin. Sie kommt aus Dresden, aber sie wohnt jetzt in Berlin. Karin Weber arbeitet nicht, sie studiert Architektur in Berlin. Sie ist nicht verheiratet, sie ist noch Single. Sie wohnt zusammen mit Sarah. Sarah studiert auch, sie studiert Medizin. Karin Weber mag klassische Musik, sie hört gern Bach und Beethoven. Sie spielt auch Klavier in der Freizeit.

20 Lies die Texte und bilde Sätze. > LESEN

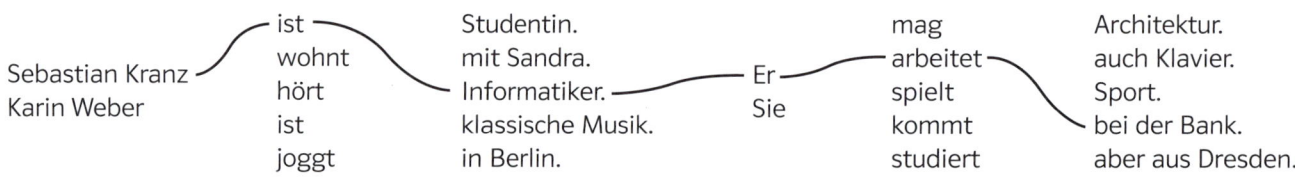

Sebastian Kranz / Karin Weber — ist / wohnt / hört / ist / joggt — Studentin. / mit Sandra. / Informatiker. / klassische Musik. / in Berlin. — Er / Sie — mag / arbeitet / spielt / kommt / studiert — Architektur. / auch Klavier. / Sport. / bei der Bank. / aber aus Dresden.

21 Zur Kontrolle. Hör zu und sprich nach. > HÖREN ▶ 20

22 Antworte. > SPRECHEN

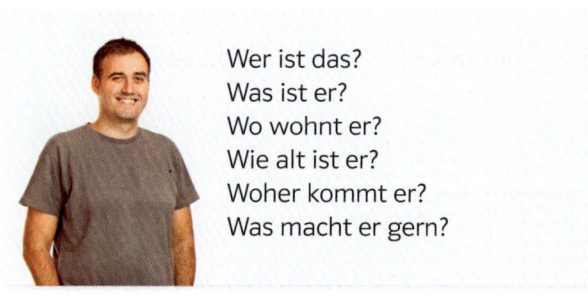

Wer ist das?
Was ist er?
Wo wohnt er?
Wie alt ist er?
Woher kommt er?
Was macht er gern?

Wer ist das?
Was ist sie?
Wo wohnt sie?
Wie alt ist sie?
Woher kommt sie?
Was macht sie gern?

23 Lies die Informationen und stell die Leute vor. > SPRECHEN

Name	Anton Hofer	Lara Wolf
Alter	23	36
Beruf	Student	Kellnerin
Wohnort	München	Berlin
Herkunft	Österreich, Innsbruck	Frankfurt
Familienstand	Single	verheiratet
Hobbys	Fußball spielen Musik hören	ins Kino gehen Tennis spielen

Das ist Anton Hofer.
Er ist 23 Jahre alt und …

Und das ist Lara Wolf.
Sie …

24 Wer ist das? > SPRECHEN

AB-Übungen
22–26

Mach eine Visitenkarte von einer (bekannten) Person. Schreib den Namen der Person nicht.
Tausche die Karte mit der Mitschülerin / dem Mitschüler. Stell die Person vor. Wer ist das?

Phonetik

1 Hör die Wörter und achte auf die Aussprache von *b*, *d* und *g*. > HÖREN ⏵ 21

a. Markiere alle *b*, die wie *p* klingen.
Bianka · lieb · Liebe · Urlaub · Berlin

b. Markiere alle *d*, die wie *t* klingen.
Pferd · Deutschland · Mode · Pferde · Freund

c. Markiere alle *g*, die wie *k* klingen.
Tag · sag · gut · joggt · Tage

Wann klingen *b*, *d*, *g* wie *p*, *t*, *k*?
Wenn sie in einer Silbe **vor** dem Vokal
oder **nach** dem Vokal stehen?

2a Städtenamen. Welche *b*, *d*, *g* klingen wie *p*, *t*, *k*? Markiere.

Prag · Bonn · Hamburg · Krefeld · London · Nürnberg · Dortmund · Freiburg · Mailand

2b Sprich die Namen laut aus. Vergleiche deine Aussprache mit
der Aufnahme. > HÖREN ⏵ 22

Verben im Präsens

	wohnen	spielen	lernen
ich	wohn-**e**	spiel-**e**	lern-**e**
du	wohn-**st**	spiel-**st**	lern-**st**
er, sie	wohn-**t**	spiel-**t**	lern-**t**

	sein
ich	**bin**
du	**bist**
er, sie	**ist**

	arbeiten
ich	arbeit-**e**
du	arbeit-**e**-**st**
er, sie	arbeit-**e**-**t**

	heißen
ich	heiß-**e**
du	heiß-**t**
er, sie	heiß-**t**

	mögen
ich	**mag**
du	**magst**
er, sie	**mag**

Aussagesatz

I	II	III
Ich	heiße	Michael.
Karin	wohnt	in Berlin.
Hanna	ist	14 Jahre alt.

Deine Beispiele

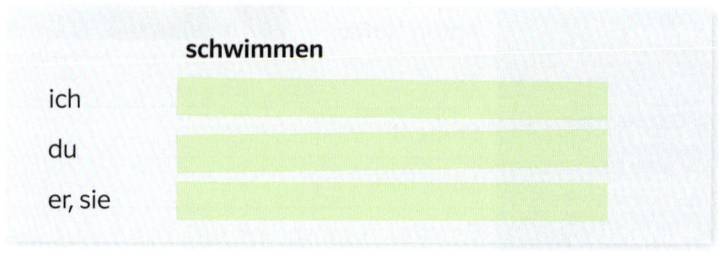

schwimmen

ich

du

er, sie

- Wer _____ du?
- Ich _____ Pia.

Wie alt _____ du?

Wie _____ deine Handynummer?

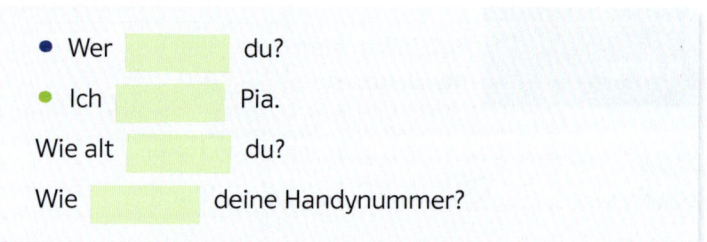

zeichnen

ich

du

er, sie

Wie heiß_____ du?

Ich heiß_____ Olga.

Und wie heiß_____ er?

Das ist mein Freund, er heiß_____ Max.

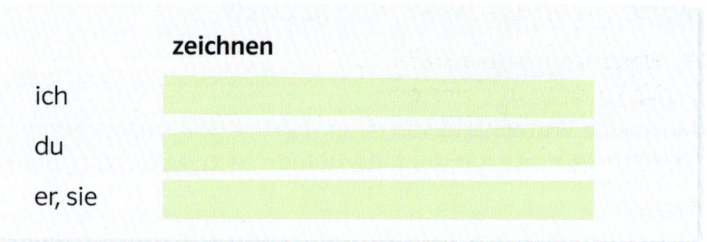

Lenka _____ Mode.

Sven _____ Pferde.

Und du? Was _____ du?

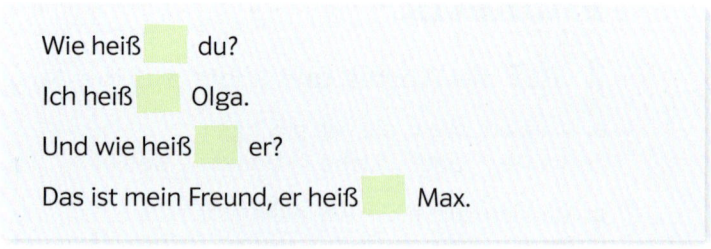

_____ heißt _____

_____ arbeitet _____

_____ lerne _____

W-Fragen

I	II	III
Wer	bist	du?
Wie	heißt	du?
Wo	wohnst	du?

Deine Beispiele

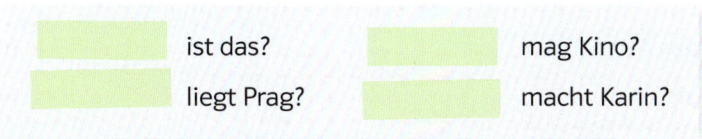

**Das Fragewort *wo*
und die Präposition *in***

Wo wohnen die Jugendlichen?

Lukas wohnt **in** Deutschland, **in** Berlin.
Lenka wohnt **in** Tschechien, **in** Prag.
Sven wohnt **in** Schweden, **in** Stockholm.
Adam wohnt **in** Polen, **in** Warschau.

Wo wohnen deine Facebook-Freunde?

**Das Fragewort *woher*
und die Präposition *aus***

- **Woher** kommt Lukas?
- Er kommt **aus** Deutschland.

- **Woher** kommt Bianka?
- Sie kommt **aus** Österreich.

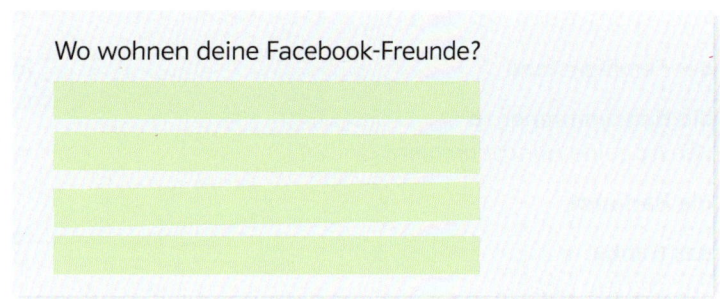

- Adam kommt aus Tschechien?
- Nein,

- Sven kommt aus Deutschland?
- Nein,

Zahlen

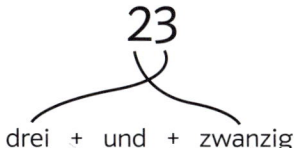

23

drei + und + zwanzig

45	=	
89	=	
61	=	
	=	fünfundsiebzig
	=	dreiundsechzig
	=	achtunddreißig

Die Form *wie geht's?*

- Wie geht's?
- Danke, gut.

- Wie geht es **dir**, Ben?
- Danke, es geht mir super!

- Wie geht es **Ihnen**, Frau Stein?
- Danke, nicht schlecht.

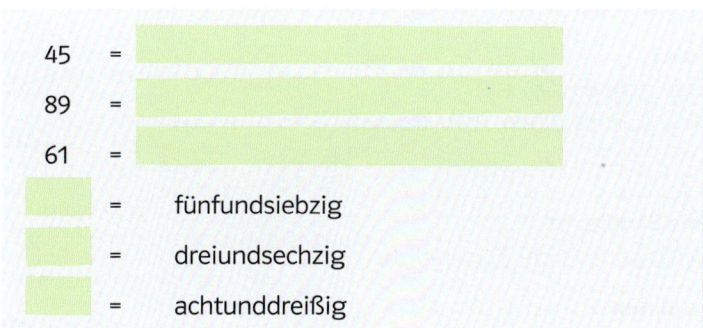

- Wie geht es ___, Markus?
- Danke, es geht mir sehr gut!

- Wie geht es ___, Frau Berg?
- Danke, es geht.

Wichtige Wörter

die Adresse, -n
Wie ist die Adresse von Tom?

das Alter

alt
Wie alt bist du?

der Beruf, -e
Was ist Sebastian (von Beruf)?

der Familienstand

die Handynummer, -n
Wie ist deine Handynummer?

die Herkunft

das Hobby, -s
Wie ist dein Hobby?

das Jahr, -e
Ich bin 13 Jahre alt.

der Name, -n
Wie ist dein Name?

der Wohnort, -e

auch
Mir geht es auch gut.

nicht
nicht so gut

wie?
Wie geht es dir, Lea?
Wie geht es Ihnen, Frau Krause?

die Straße, -n
Ich wohne in der Kaiserstraße.

wohnen
Wo wohnst du?
Lukas wohnt in Deutschland.

der Freund, -e
Ich mag meine Freunde.

kommen
Sven kommt aus Schweden.

das Land, ̈er
Sie kommen aus verschiedenen Ländern.

liegen
Warschau liegt in Polen.

arbeiten
Er arbeitet bei der Bank.

fotografieren

hören
Sie hört klassische Musik.

joggen
Sebastian joggt mit Sarah.

lernen
Ich lerne gern Englisch.

machen
Was machst du gern?

reiten
Sven mag Pferde, er reitet gern.

schwimmen

studieren
Sie studiert Architektur.

spielen
Er spielt gern Tennis.

zeichnen
Lenka zeichnet gern.

das Computerspiel, -e

das Buch, ̈er

das Comic, -s
Sarah mag Comics.

das Kino, -s

mögen (ich / er / sie mag)
Ich mag Mode und Kino.

der Euro, -s
Die Kamera kostet zweihundert Euro.

kosten
Was kostet dein Tablet?

wie viel?
Wie viel Euro hat Jens?

mit
Lukas chattet gern mit Bianka.

Landeskunde

1 Lies die Statistik und übersetze die Informationen.

Wie lernen sich Jugendliche in der Schweiz kennen?

in der Schule	**29 %**	im Café	**6 %**
über Freunde	**27 %**	in der Nachbarschaft	**5 %**
beim Sport und bei Hobbys	**16 %**	im Urlaub	**2 %**
übers Internet	**11 %**		

2 Macht eine Klassenstatistik.

Wie lernst du Freunde kennen?

In der Schule, über Freunde und übers Internet.

Und du?

In der Nachbarschaft, beim Sport und bei Hobbys. Und in der Schule.

3 Füllt die Registrierungsfelder aus.

Vorname:

Nachname:

Geschlecht:

Geburtstag:

E-Mail:

Handynummer:

Projektecke **Soziale Medien auf Deutsch**

Stellt die Sprache auf deinem Facebook-, Google-, WhatsApp- oder Twitter-Profil auf Deutsch. Stellt auch euer Handy oder Smartphone auf Deutsch. Macht eine Liste: Wie heißt eine Funktion in eurer Muttersprache und wie auf Deutsch?

Muttersprache	Deutsch
...	Gefällt mir.

1 Markus und Sophie. Lies die Texte und ergänze die Tabelle. > LESEN

Hallo, ich heiße Markus Weigel, bin 15 Jahre alt und wohne in Augsburg. Das liegt in Süddeutschland, in der Nähe von München. Ich besuche die Klasse 10B. Meine Schule heißt Jakob-Fugger-Gymnasium. In meiner Klasse sind wir 27 Schülerinnnen und Schüler. In meiner Freizeit spiele ich Fußball in einer Mannschaft. Aber ich mag auch Musik. Ich spiele selbst ein Instrument, und zwar Gitarre in einer Band.

Hallo! Ich bin Sophie Lange. Ich bin 14 Jahre alt und wohne in Lüneburg. Das liegt in Norddeutschland, in der Nähe von Hamburg. Ich besuche die Klasse 9A. Meine Schule heißt Kopernikus-Schule. Ich bin sportlich, ich gehe oft mit meiner Mutter joggen. Und ich tanze sehr gern. Ich besuche einen Tanzkurs, denn ich möchte Tänzerin werden!

Name	Markus
Wohnort	
Alter	
Schule / Klasse	
Hobbys	

Name	Sophie
Wohnort	
Alter	
Schule / Klasse	
Hobbys	

2 Stell Markus und Sophie vor. > SPRECHEN

Das Mädchen heißt Sophie.

Sophie Lange. Sie ...

Der Junge heißt Markus Weigel.

Er ist ...

3 Schreib einen kurzen Text über dich selbst. > SCHREIBEN

Hallo, Leute! Ich suche neue Freunde!

(Name) Ich heiße

(Wohnort)

(Alter)

(Schule)

(Hobbys)

★★ ★ ★
**registriert
seit:** 25.03.
Beiträge: 15

4 Interview mit Frau Stein. Hör zu und ergänze die Tabelle. > HÖREN ▶ 23

Name:

Wohnort:

Alter:

Beruf:

Telefon:

Hobbys:

Frau Stein, ich möchte Sie interviewen.
Haben Sie eine Minute Zeit?

5 Interview mit Robert Blacikowski. Hör zu und kreuze an. > HÖREN ▶ 24

Hallo, ich heiße Robert.

	R	F
1. Robert kommt aus Polen.		
2. Robert lernt Deutsch.		
3. Robert hat Familie in Deutschland.		
4. Robert mag München.		
5. Er arbeitet als Informatiker.		

Lektion 3

WAS MACHT IHR HEUTE NACHMITTAG?

A Kommt ihr mit?

EUROPA-GYMNASIUM

1 Hör zu und ordne den Dialog. > HÖREN ▶ 25

Wir gehen Fußball spielen. Kommt ihr mit?	Tschüs. Bis später.
Alles klar. Bis später.	Um 15.00 Uhr.
Was macht ihr heute Nachmittag?	Ja, gern. Um wie viel Uhr?

2 Spielt den Dialog in Paaren. > SPRECHEN

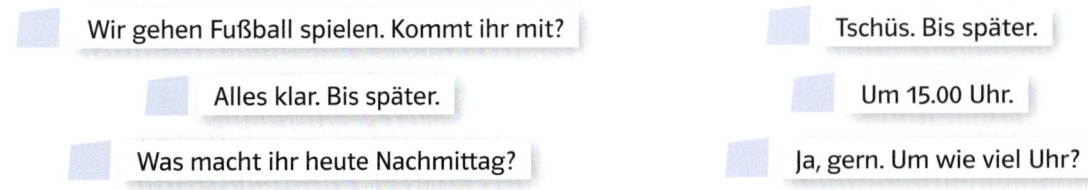

3 Aktivitäten. Ordne zu. > WORTSCHATZ

a. [ ] ins Kino gehen   **d.** [ ] Musik machen   **g.** [ ] Deutsch lernen

b. [ ] Volleyball spielen   **e.** [ ] im Internet surfen   **h.** [ ] Videogames spielen

c. [ ] shoppen gehen   **f.** [ ] Rad fahren

4 Zur Kontrolle: Hör zu und sprich nach. > HÖREN ▶ 26

5 Ich frage, du antwortest … Bildet Dialoge. > SPRECHEN

1. Was macht ihr heute Nachmittag?

2. Wir spielen Volleyball. Kommt ihr mit?

3. Ja, gern./ Nein, danke.

AB-Übungen
1–8

B Wie spät ist es?

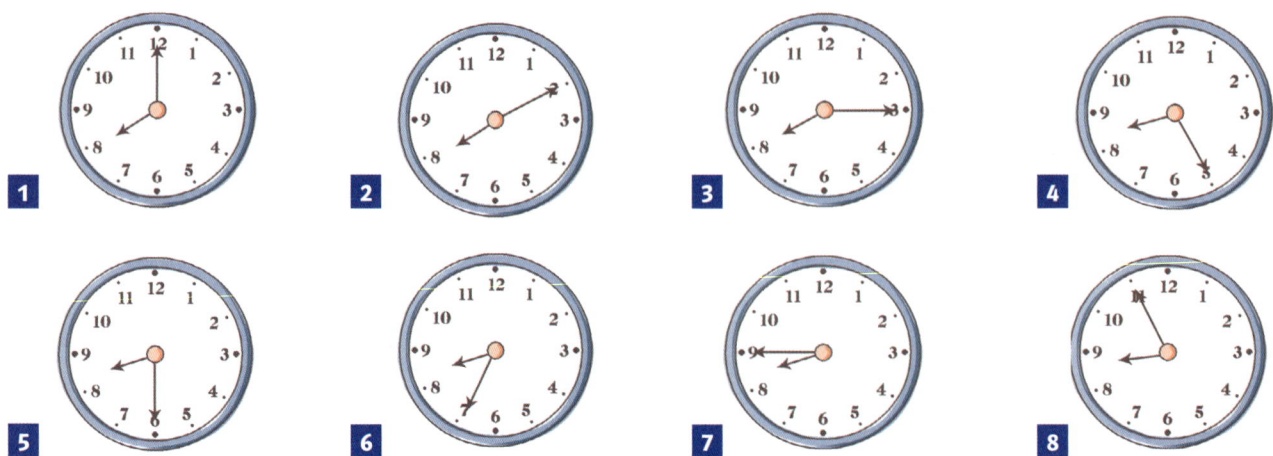

6 Hör zu und sprich nach. > HÖREN ▶ 27

7 Ich frage, du antwortest ... Bildet Minidialoge. > SPRECHEN

- Wie spät ist es? Viertel nach fünf?
- Nein, es ist Viertel vor sechs.

20.15 Uhr / 19.45 Uhr
10.25 Uhr / 10.35 Uhr
11.50 Uhr / 11.10 Uhr
16.35 Uhr / 16.25 Uhr
9.05 Uhr / 8.55 Uhr

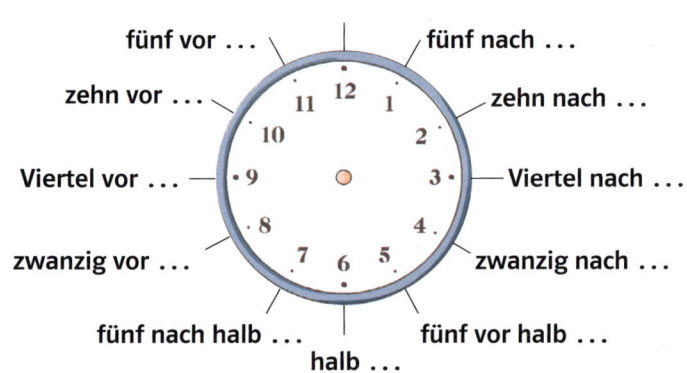

8 Um wie viel Uhr ...? Bildet Minidialoge. > SPRECHEN

Deutsch lernen / 14.30 Uhr
Fußball spielen / 15.00 Uhr
shoppen gehen / 17.15 Uhr
Rad fahren / 18.10 Uhr
Videogames spielen / 18.30 Uhr
Hausaufgaben machen / 15.45 Uhr

Um wie viel Uhr gehst du / geht ihr ins Kino?

Ich gehe / Wir gehen um 20.30 Uhr ins Kino.

9 Wer macht was wann? Hör zu und bilde Sätze. > HÖREN ⊙ 28

Wer?	Was?	Wann?
Julia	Deutsch lernen	16.30 Uhr
Fabian	zur Schule gehen	21.00 Uhr
Mesut	shoppen gehen	7.30 Uhr
Hanna	Videogames spielen	10.45 Uhr
Herr Schröder	ins Kino gehen	13.15 Uhr
Frau Weber	Hausaufgaben machen	15.10 Uhr

Julia geht um 7.30 Uhr (halb acht) zur Schule.

AB-Übungen
9–14

C Wohin gehen Sie, Frau Krause?

Frau Krause, wohin gehen Sie heute?

Also … ich treibe heute Sport. Um 9.30 Uhr gehe ich ins Schwimmbad. Ich mache Wasseraerobic. Dann, um 12.30 Uhr, gehe ich in die Pizzeria „Sole mio". Dort esse ich zu Mittag. Nach dem Essen, um 15.00 Uhr, gehe ich in den Sportclub. Ich habe heute Karatetraining. Und heute Abend gehe ich ins Kino …

10 Hör zu und lies mit. Dann nummeriere die Fotos. > HÖREN ⊙ 29

Wohin geht Frau Krause zuerst? Und dann?

11 Was ist das? Ordne zu. > WORTSCHATZ

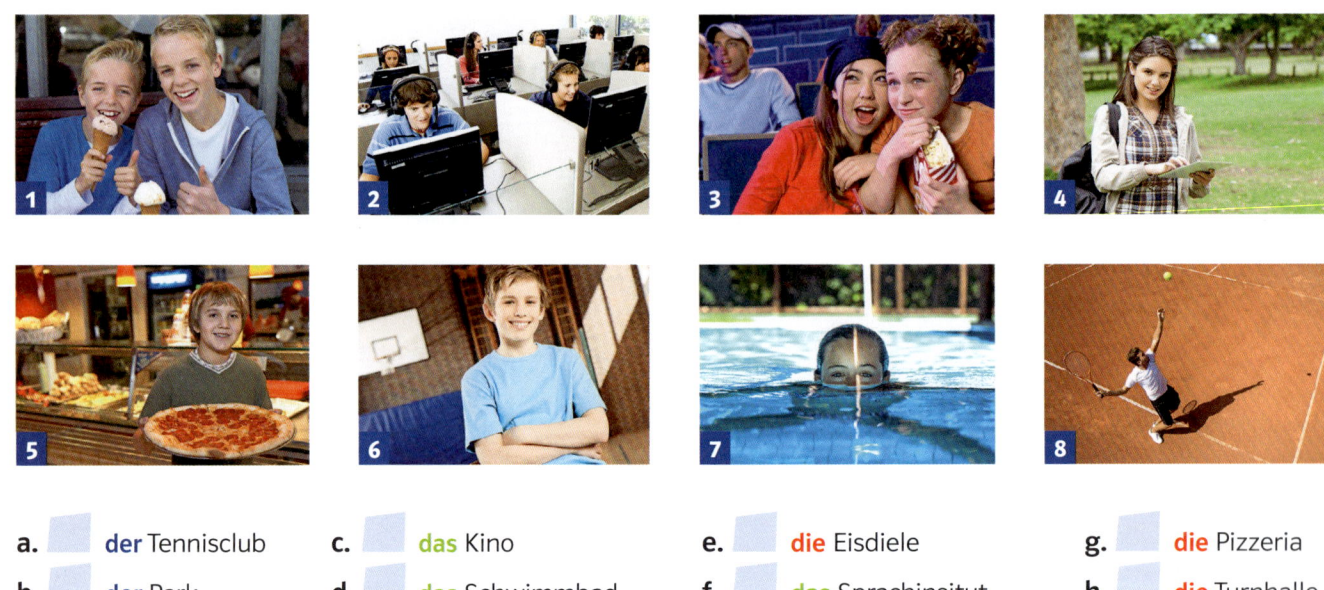

a. ▢ **der** Tennisclub c. ▢ **das** Kino e. ▢ **die** Eisdiele g. ▢ **die** Pizzeria

b. ▢ **der** Park d. ▢ **das** Schwimmbad f. ▢ **das** Sprachinsitut h. ▢ **die** Turnhalle

12 Zur Kontrolle: Hör zu und sprich nach. > HÖREN ▶ 30

13 Fragt und antwortet wie im Beispiel. > SPRECHEN

Gehen wir — **in den** / **in die** / **ins**

Tennisclub
Kino
Turnhalle
Schwimmbad
Eisdiele
Jugendzentrum
Pizzeria
Park
?

Grammatik

Wohin? ▶ in ▶ Akkusativ

der	▶ in **den**
die	▶ in **die**
das	▶ in **das**

Merk es dir:
in + das ▶ ins

a. ● Gehen wir ins Kino?
   ● Ja, gute Idee!
   ● Nein, lieber in die Eisdiele!

b. ● Wohin gehen wir?
   ● In den Tennisclub!

14 Bildet Minidialoge. > SPRECHEN

● Wohin gehen Fabian und Mesut?
● Sie gehen **ins Jugendzentrum**.

Tina und David, **der Park (in den)**
Herr und Frau Meier, **das Kino (ins)**
Julia und Hanna, **die Turnhalle (in die)**
Max und Martha, **der Tennisclub (in den)**

15 Interview mit Frau Krause. Hör zu und kreuze an. > HÖREN ▶ 31

1. Frau Krause arbeitet als …
   a. ☐ Lehrerin. **b.** ☐ Trainerin.
2. Frau Krause wohnt in …
   a. ☐ München. **b.** ☐ Freising.
3. Frau Krause fährt mit … zur Arbeit.
   a. ☐ dem Auto **b.** ☐ dem Zug
4. Frau Krause unterrichtet …
   a. ☐ Englisch. **b.** ☐ Sport und Englisch.

Frau Krause, ich möchte Sie interviewen. Geht das?

Gerne, kein Problem.

16 Was antwortet Frau Krause? Ordne zu. > WORTSCHATZ

1. ☐ Wo wohnen Sie?   **a.** Mit dem Zug.
2. ☐ Was sind Sie?   **b.** Sport und Englisch.
3. ☐ Was unterrichten Sie?   **c.** Sportlehrerin.
4. ☐ Wie fahren Sie zur Arbeit? **d.** In München.

AB-Übungen
15–25

Phonetik

1 Hör die Wörter und markiere alle *r*-Buchstaben, die ähnlich wie ein kurzes *a* klingen. > HÖREN ▶ 32

Spor̲t · Pizzeria · Park · reiten
Karate · Turnhalle · wir · Frau · dort
Rad · Herr · Lehrer · Uhr · vier

Wann klingt *r* wie ein Vokal (ähnlich wie ein kurzes *a*)? Wenn *r* in einer Silbe **vor** dem Vokal oder **nach** dem Vokal steht?

2 Sprich die Wörter aus 1 laut aus.
Vergleiche deine Aussprache mit der Aufnahme. > HÖREN ▶ 33

3 Sprich die Wortpaare laut aus und markiere alle *r*, die wie ein kurzes *a* klingen. Vergleiche deine Aussprache mit der Aufnahme. > HÖREN ▶ 34

a. die Uhr – die Uhren   **c.** das Tier – die Tiere
b. der Herr – die Herren **d.** das Ohr – die Ohren

Verben im Präsens

	wohnen	spielen	gehen
ich	wohn-**e**	spiel-**e**	geh-**e**
du	wohn-**st**	spiel-**st**	geh-**st**
er, sie	wohn-**t**	spiel-**t**	geh-**t**
wir	wohn-**en**	spiel-**en**	geh-**en**
ihr	wohn-**t**	spiel-**t**	geh-**t**
sie, Sie	wohn-**en**	spiel-**en**	geh-**en**

	sein
ich	**bin**
du	**bist**
er, sie	**ist**
wir	**sind**
ihr	**seid**
sie, Sie	**sind**

	arbeiten
ich	arbeit-**e**
du	arbeit-**e**-**st**
er, sie	arbeit-**e**-**t**
wir	arbeit-**en**
ihr	arbeit-**e**-**t**
sie, Sie	arbeit-**en**

	fahren
ich	fahr-**e**
du	f**ä**hr-**st**
er, sie	f**ä**hr-**t**
wir	fahr-**en**
ihr	fahr-**t**
sie, Sie	fahr-**en**

Deine Beispiele

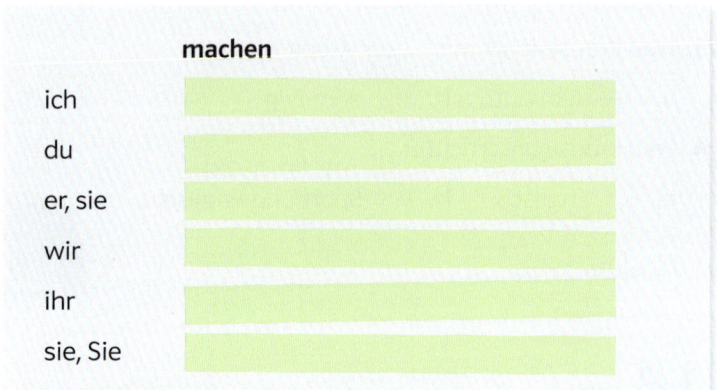

machen

ich	
du	
er, sie	
wir	
ihr	
sie, Sie	

- Wer _____ du?
- Ich _____ Julia.

Wer _____ das?

Wie alt _____ du?

Wie _____ deine Handynummer?

Frau Krause, _____ Sie Trainerin?

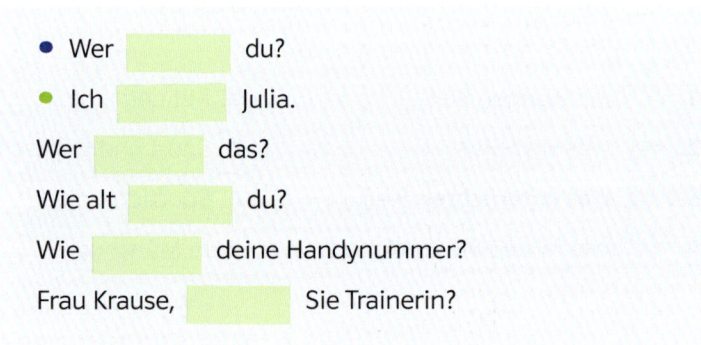

Herr Schröder _____ als Deutschlehrer.

- Herr Schröder, _____ Sie als Deutschlehrer?
- Ja, ich _____ im Europa-Gymnasium.

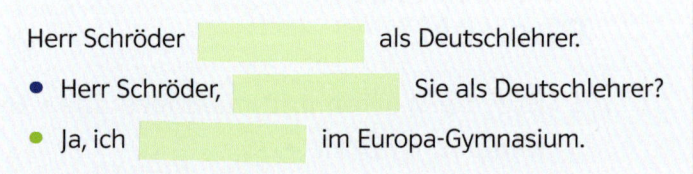

Frau Krause f_____hrt mit dem Bus.

Max, f_____hrst du auch mit dem Bus?

Katja und Elke, f_____hrt ihr mit dem Bus?

Wir f_____hren auch mit dem Bus.

du-Form / höfliche Form

Leon, wo wohnst **du**?
Ina, treibst **du** Sport?

Frau Krause, wo wohnen **Sie**?
Herr Schmidt, treiben **Sie** Sport?

Deine Beispiele

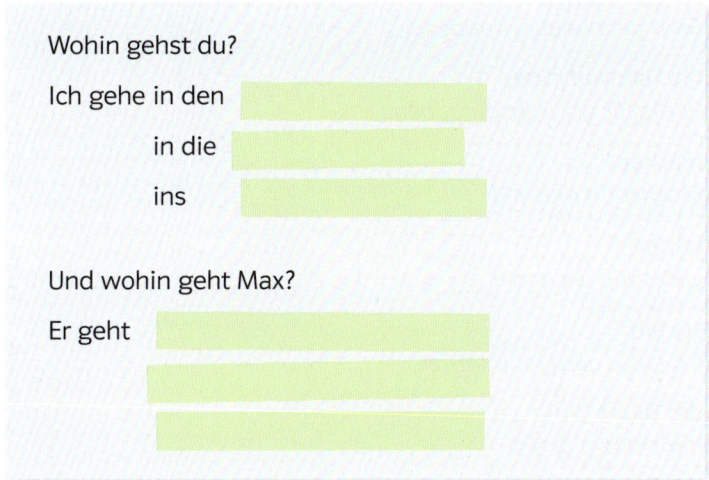

Mark, _____ ins Schwimmbad?
Frau Weber, _____ ins Schwimmbad?

Das Fragewort *wohin* und die Präposition *in*

- **Wohin** geht ihr?
- Wir gehen zuerst **in den** Park, dann **in die** Eisdiele und am Abend gehen wir **ins** Kino.

Wohin gehst du?
Ich gehe in den _____
    in die _____
    ins _____

Und wohin geht Max?
Er geht _____
_____
_____

Das Fragewort *was*

- **Was** macht ihr heute?
- Wir gehen Fußball spielen.

- **Was** macht Sebastian?
- Er fährt Rad.

- **Was** macht Frau Krause?
- Sie geht in die Pizzeria.

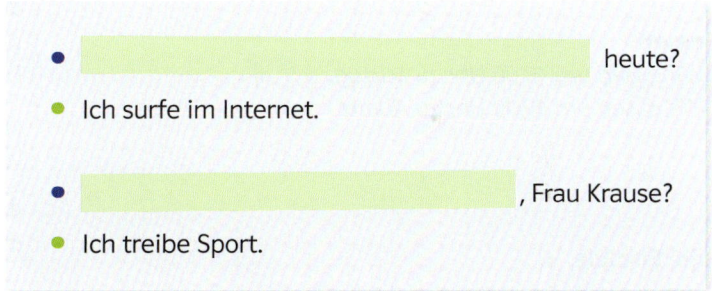

- _____ heute?
- Ich surfe im Internet.

- _____, Frau Krause?
- Ich treibe Sport.

Ja / Nein-Frage

- Gehen wir in die Eisdiele?
- **Ja**, gute Idee!

- Lernst du Deutsch, Anke?
- **Nein**, ich lerne Englisch und Italienisch.

I	II	III
Treiben	Sie	Sport?
Gehen	wir	ins Kino?
Lernst	du	Englisch?

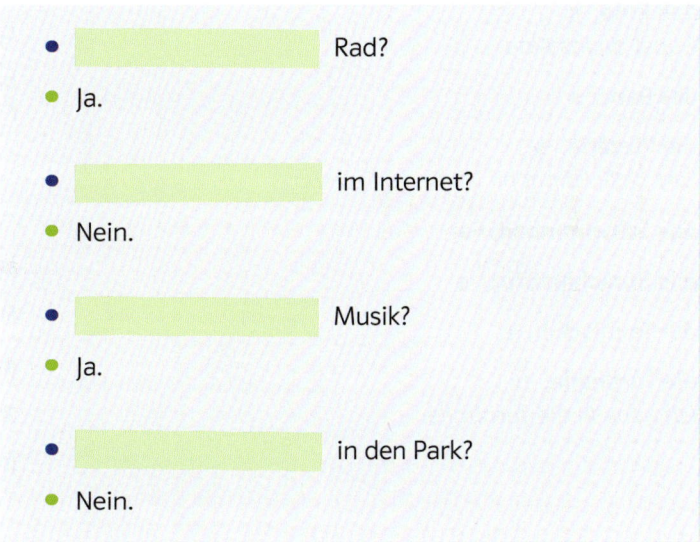

- _____ Rad?
- Ja.

- _____ im Internet?
- Nein.

- _____ Musik?
- Ja.

- _____ in den Park?
- Nein.

Wichtige Wörter

spielen
Ich spiele gern Fußball.
Spielst du Videogames?

mit|kommen
Kommt ihr mit?

gehen
Wir gehen ins Kino.

shoppen gehen
Geht Julia heute shoppen?

die Hausaufgabe, -n
Er macht die Hausaufgaben.

machen
Machst du Musik?

lernen
Lernst du Deutsch?

surfen
Ich surfe gern im Internet.

der Sport (Singular)
Wir treiben Sport.

Rad fahren
Ich fahre gern Rad.

essen
Wir essen um 13.00 Uhr zu Mittag.
Wir essen um 19.00 Uhr zu Abend.

die Eisdiele, -n
Um wie viel Uhr geht ihr in die Eisdiele?

das Jugendzentrum, Jugendzentren

das Kino, -s
Gehst du ins Kino?

der Park, -s

die Pizzeria, -s
Um 12.30 Uhr gehe ich in die Pizzeria.

das Schwimmbad, ⁈er

das Sprachinstitut, -e

der Tennisclub, -s

die Turnhalle, -n
Ich gehe in die Turnhalle.

heute
heute Nachmittag
heute Abend

was?
Was machen wir heute Nachmittag?

wohin?
Wohin gehen Sie?

arbeiten
Frau Krause arbeitet als Lehrerin.

unterrichten
Frau Krause unterrichtet Englisch.

fahren
Frau Krause fährt mit dem Auto.

das Auto, -s

der Zug, ⁈e

die Uhr
Wie viel Uhr ist es?
Um wie viel Uhr?

spät
Wie spät ist es?

das Viertel, -
Es ist ein Viertel nach elf.

vor
Es ist zehn vor fünf.

nach
Es ist zwanzig nach neun.

halb
Es ist halb zwölf.

Ja, gern.

Nein, danke.

Alles klar!

Bis später!

Kein Problem!

Landeskunde

1 Lies den Text und die Aussagen. Dann beantworte die Frage.

Anna und Lukas – 2 typisch deutsche Jugendliche

Anna kommt aus Berlin. Sie ist 15 Jahre alt, ist 1,67 m groß. Ihre Schuhgröße ist 37. Lukas ist auch 15 und kommt aus München. Er ist 1,74 m groß. Seine Schuhgröße ist 41. Anna und Lukas sind zwei typische deutsche Jugendliche. Beide sind in der 10. Klasse. Anna und Lukas haben ein eigenes Zimmer. Anna fährt 24 Minuten zur Schule. Lukas hat Glück und wohnt nah, er geht nur 11 Minuten zu Fuß. Im Internet ist Lukas dafür länger, nämlich 158 Minuten pro Tag. Anna verbringt nur 124 Minuten online. Sie isst gern Salat und er isst gerne Pasta. Als Taschengeld hat Lukas 20 € pro Monat und Anna 32 €. Natürlich haben sie beide auch Hobbys. Anna tanzt und liest gerne. Lukas spielt jeden Tag Fußball und hört oft Musik, HipHop und Rock.

Wer sagt das? Anna oder Lukas?

Ich treffe mich mit meinen Freunden immer bei der Weltzeituhr auf dem Alex. So nennen wir in Berlin den Alexanderplatz. Der Platz ist groß und es ist immer viel los. Also sind wir einfach auf dem Alex.

Meine Freunde und ich treffen uns meistens auf dem Marienplatz. Der ist im Zentrum, also ist es nicht weit zum Shoppen. Und oft gehen wir auf Feste wie den Christkindlmarkt oder die Meisterfeier vom FC Bayern.

Projektecke (Keine) Unterschiede?

Füll den Steckbrief aus und antworte. Gibt es Unterschiede zwischen dir und Jugendlichen in Deutschland?

Name: ...
Alter: ...
Wohnort: ...
Größe: ...

Schuhgröße: ...
Klasse: ...
Zeit zur Schule: ...
Zeit im Internet: ...

Lieblingsessen: ...
Taschengeld: ...
Hobbys: ...
Treffpunkt: ...

1 Lies den Text. Was verstehst du? Bilde Sätze. > LESEN

Hallo, ich bin Jan und das ist meine Clique.

Wir sind neun Leute: sechs Jungen und drei Mädchen.

Wir wohnen alle in Freiburg, in Süddeutschland.

Wir sind alle 15 Jahre alt und besuchen

das Kepler-Gymnasium. Wir treffen uns oft

am Nachmittag nach der Schule. Heiko und Lena

spielen Basketball und gehen gern shoppen.

Andere spielen lieber Fußball oder Handball.

Manchmal gehen wir zusammen ins Kino …

Jan und seine Freunde	sind	das Kepler-Gymnasium.
	besuchen	in Freiburg.
	wohnen	manchmal ins Kino.
	gehen	15 Jahre alt.

2 Lies die Sätze und kreuze an. Schreib dann über deine Clique. > SCHREIBEN

1. In meiner Clique sind … Leute. Das sind

  a. nur Jungen.

  b. nur Mädchen.

  c. Jungs und Mädchen.

2. Wir gehen oft zusammen

  a. in die Eisdiele.

  b. in den Park.

  c. ins Kino.

  d. …

3. Wir haben gemeinsame Hobbys und Interessen:

  a. Wir spielen Fußball / Volleyball …

  b. Wir spielen Videospiele.

  c. Wir hören Musik.

  d. …

Hi! Ich bin Olaf.

Meine Clique?

Wir sind …

Hi, Leute! Ich heiße .... Ich bin in einer Clique. Wir sind ...

★★★☆

3 Ergänze die Tabelle und erzähle. > SPRECHEN

Wie ist dein bester Freund /
deine beste Freundin?

Name	
Alter	
Schule	
gemeinsame Hobbys	

4 Was ist richtig: a, b oder c? Hör zu und kreuze an. > HÖREN ▶ 35

1. Eva und Annika gehen …

a.

b.

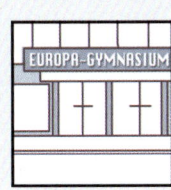

c.

2. Um wie viel Uhr gehen sie?

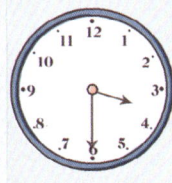

a.

b.

c.

5 Was ist richtig: a, b oder c? Hör zu und kreuze an. > HÖREN ▶ 36

1. David und Max gehen …

a.

b.

c.

2. Um wie viel Uhr gehen sie?

a.

b.

c.

VIDEOSTATION 1
HANNA UND FABIAN STELLEN SICH VOR

1 Hanna stellt sich vor. Sieh dir den ersten Videoteil an und ergänze die Visitenkarte von Hanna. > FILM 1

Name:	Schule:
Wohnort:	Klasse:
Herkunft:	Geschwister:
Alter:	Hobbys:

2 Fabian stellt sich vor. Sieh dir den zweiten Videoteil an und ergänze die Visitenkarte von Fabian. > FILM 1

Name:	Schule:
Wohnort:	Klasse:
Herkunft:	Geschwister:
Alter:	Hobbys:

3 Was haben Hanna und Fabian gemeinsam? Und was nicht? Erzähle.

Hanna und Fabian wohnen beide in München.

Hanna kommt aber aus Hamburg und Fabian …

4 Wer sagt das? Lies und markiere. Dann sieh dir den Film an und kontrolliere. > FILM 1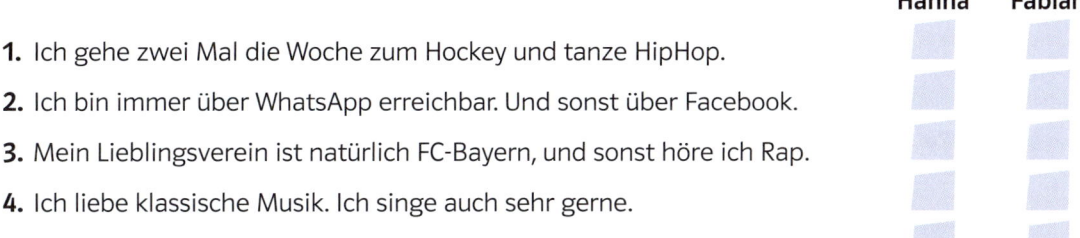

	Hanna	Fabian
1. Ich gehe zwei Mal die Woche zum Hockey und tanze HipHop.		
2. Ich bin immer über WhatsApp erreichbar. Und sonst über Facebook.		
3. Mein Lieblingsverein ist natürlich FC-Bayern, und sonst höre ich Rap.		
4. Ich liebe klassische Musik. Ich singe auch sehr gerne.		
5. Wenn du magst, kannst du mich anrufen. Und ich bin auch auf Facebook.		

5 Stell dich vor. Beantworte die Fragen.

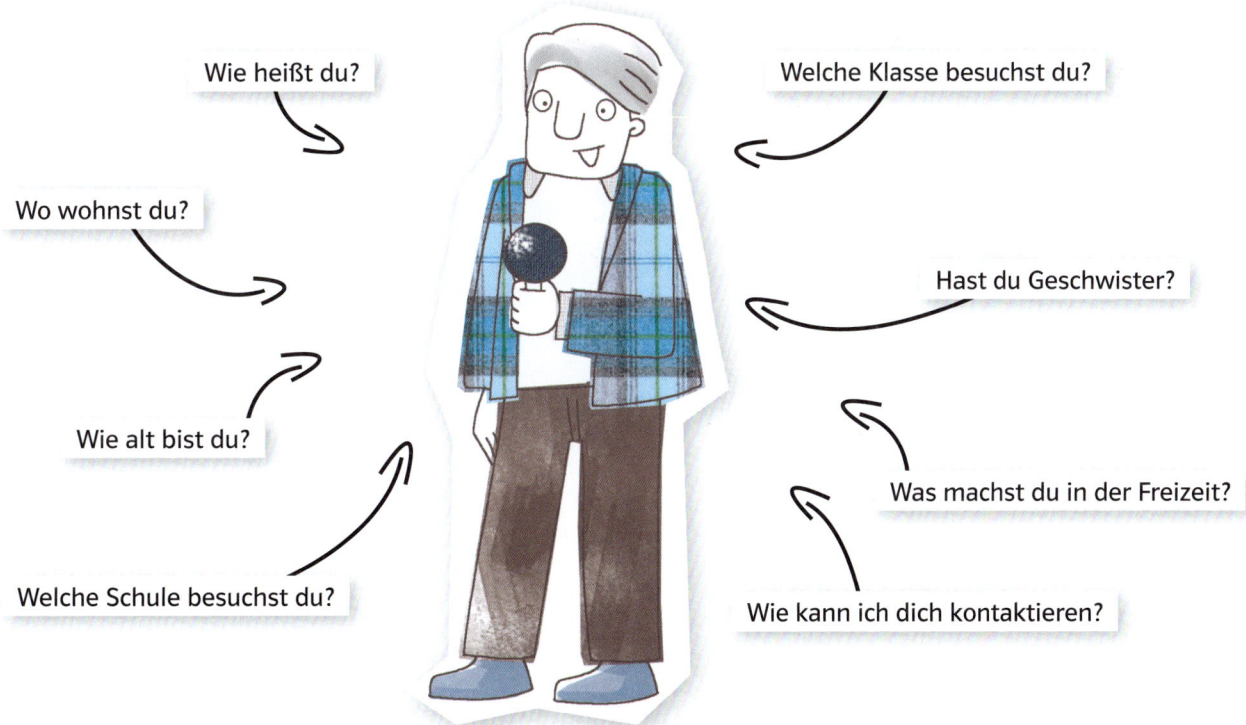

Wie heißt du?

Wo wohnst du?

Wie alt bist du?

Welche Schule besuchst du?

Welche Klasse besuchst du?

Hast du Geschwister?

Was machst du in der Freizeit?

Wie kann ich dich kontaktieren?

6 Wer kann am schnellsten die Fragen beantworten?

1. Wer trägt die Sonnenbrille?
2. Wer ist blond?
3. Wer hat schwarzes Haar?
4. Wo interviewt die Frau Fabian?

Bist du scharfsinnig?

Lektion 4

ANDERE LÄNDER, ANDERE SPRACHEN

A Was spricht Mesut?

1 Hör zu und markiere die richtige Reihenfolge der Sätze. > HÖREN ▶ 37

Mesut, woher kommst du?

Sprichst du Türkisch zu Hause?

Ja, ich bin zweisprachig. Ich spreche perfekt Deutsch und Türkisch.

Ich bin hier in Deutschland geboren, aber meine Eltern kommen aus der Türkei.

Du sprichst Deutsch und Türkisch. Bist du zweisprachig?

Ja, zu Hause sprechen wir Türkisch.

2 Was weißt du über Mesut? Notiere und erzähle. > SPRECHEN

3 Wo spricht man was? Bilde Sätze. > WORTSCHATZ

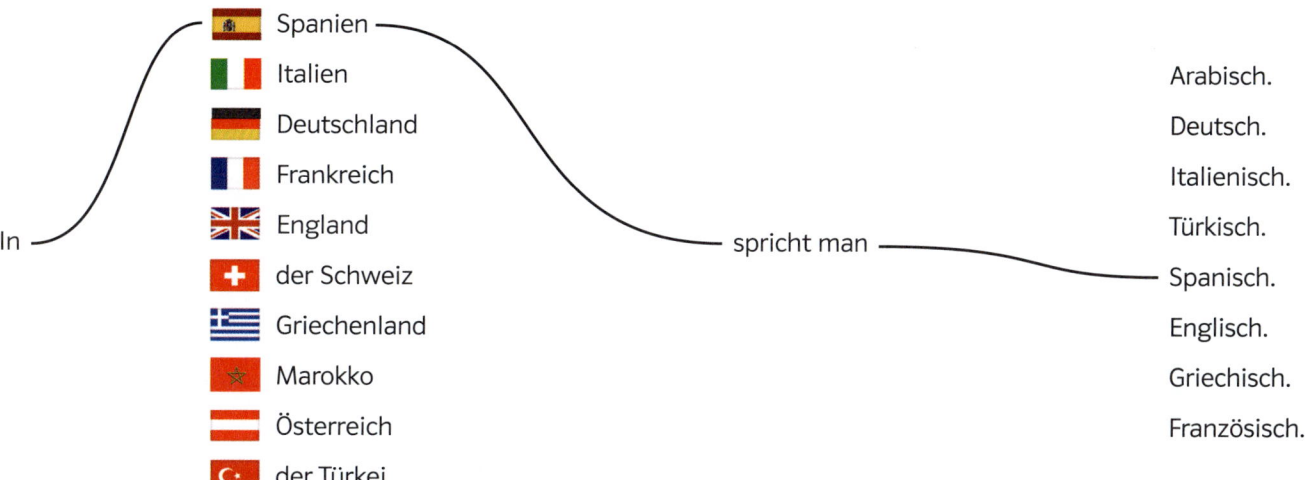

In — Spanien — Italien — Deutschland — Frankreich — England — der Schweiz — Griechenland — Marokko — Österreich — der Türkei — spricht man — Arabisch. / Deutsch. / Italienisch. / Türkisch. / Spanisch. / Englisch. / Griechisch. / Französisch.

4 Zur Kontrolle: Hör zu und sprich nach. > HÖREN ▶ 38

5 Ich frage, du antwortest … Bildet Dialoge. > SPRECHEN

a.
● Was spricht man in der Türkei?
● In der Türkei spricht man Türkisch.

b.
● Spricht man in Österreich Deutsch?
● Ja, in Österreich spricht man Deutsch.

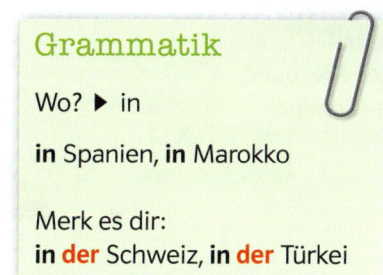

Grammatik

Wo? ▶ in

in Spanien, **in** Marokko

Merk es dir:
in der Schweiz, **in der** Türkei

6 Welche Sprachen sprichst du? Frage und notiere. > SPRECHEN

● Sprichst du Französisch?
● Ja, ich spreche **sehr gut** Französisch?
● Nein, ich spreche **kein Wort** Französisch.

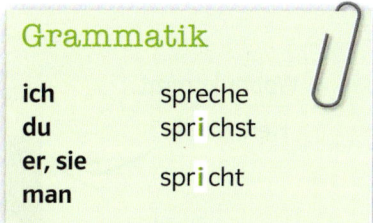

Grammatik

ich	spreche
du	spri **ch** st
er, sie	
man	spri **ch** t

Sprachen	sehr gut	nicht gut	ein bisschen	kein Wort
Englisch				
Deutsch				
Italienisch				
Französisch				
Arabisch				
Spanisch				
…				

AB-Übungen
1–10

B Woher kommt Herr Müller?

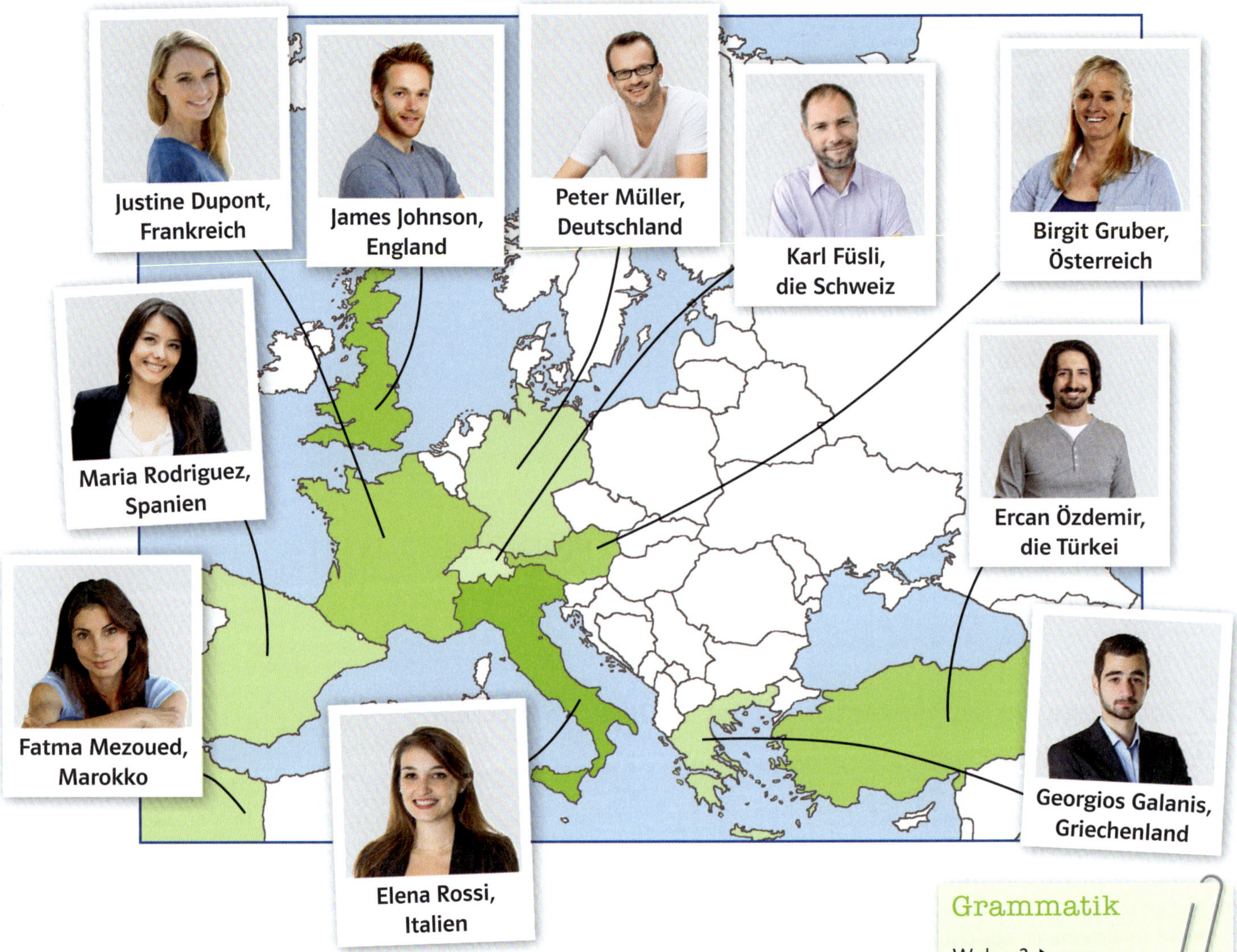
Justine Dupont, Frankreich
James Johnson, England
Peter Müller, Deutschland
Karl Füsli, die Schweiz
Birgit Gruber, Österreich
Maria Rodriguez, Spanien
Ercan Özdemir, die Türkei
Fatma Mezoued, Marokko
Elena Rossi, Italien
Georgios Galanis, Griechenland

Grammatik

Woher? ▶ aus

aus Deutschland
aus Italien

Merk es dir:
aus der Schweiz
aus der Türkei

7 Ich frage, du antwortest … Bildet Dialoge. > SPRECHEN

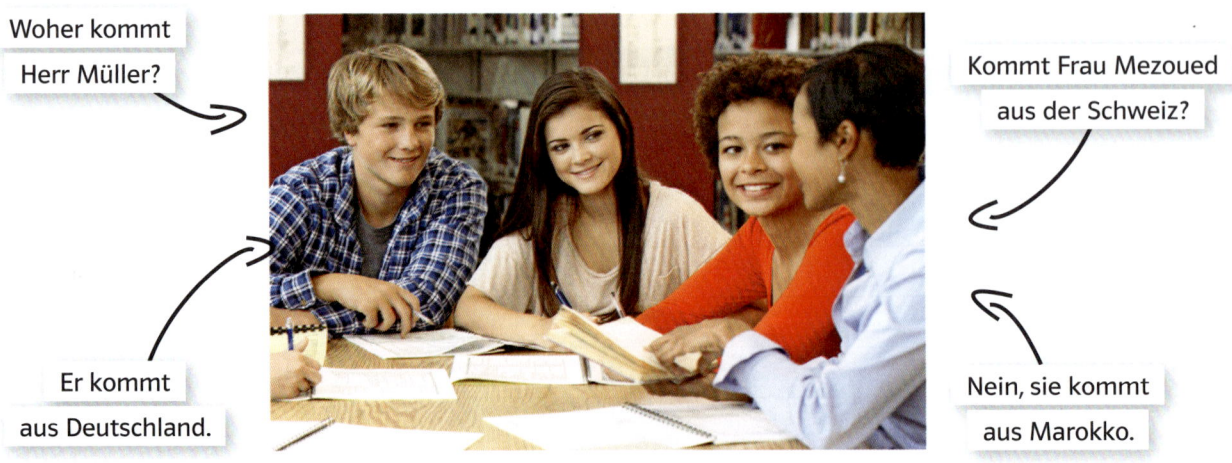

Woher kommt Herr Müller?

Er kommt aus Deutschland.

Kommt Frau Mezoued aus der Schweiz?

Nein, sie kommt aus Marokko.

8 Hör zu und lies mit. > HÖREN ▶ 39

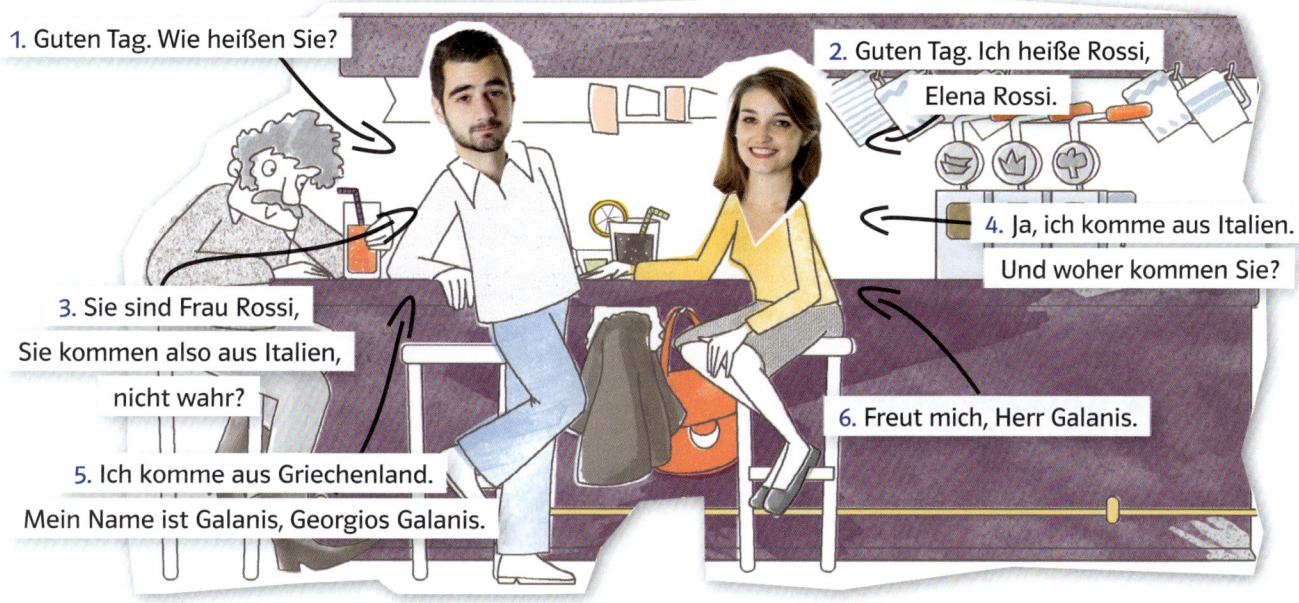

1. Guten Tag. Wie heißen Sie?

2. Guten Tag. Ich heiße Rossi, Elena Rossi.

3. Sie sind Frau Rossi, Sie kommen also aus Italien, nicht wahr?

4. Ja, ich komme aus Italien. Und woher kommen Sie?

5. Ich komme aus Griechenland. Mein Name ist Galanis, Georgios Galanis.

6. Freut mich, Herr Galanis.

9 Rollenspiele. Spielt den Dialog in Paaren. > SPRECHEN

10 Stell die Personen vor. > SPRECHEN

	1	**2**	**3**	**4**
Name	Birgit Gruber	Peter Müller	Maria Rodriguez	Ercan Özdemir
Land	Österreich	Deutschland	Spanien	die Türkei
Wohnort	Wien	München	Madrid	Frankfurt
Beruf	Lehrerin	Manager	Sekretärin	Künstler
Sprachen	Deutsch und Italienisch	Deutsch und Englisch	Spanisch und Englisch	Türkisch und Deutsch

Nummer 1 ist Birgit Gruber. Frau Gruber kommt aus Österreich, sie wohnt in Wien. Sie ist Lehrerin. Sie spricht Deutsch und Italienisch.

11 Wer antwortet schneller? > SPRECHEN

Wer spricht Italienisch?

Wo wohnt Herr Müller?

Wie heißt Nummer 1?

Wer kommt aus Spanien?

Was macht Frau Gruber?

Wer ist Manager?

AB-Übungen
11–15

C Karl Füsli ist Schweizer

12 Nationalitäten. Ordne zu. > WORTSCHATZ

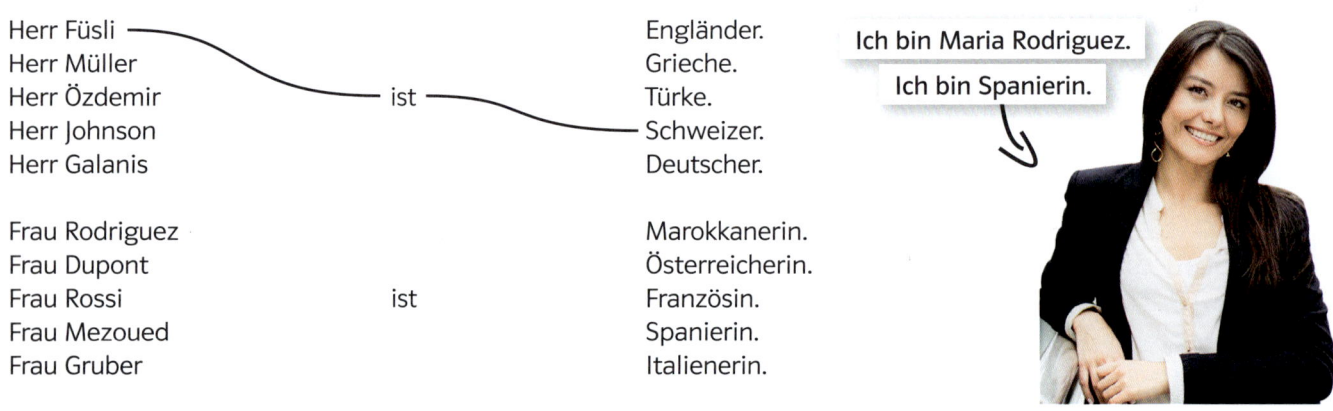

Herr Füsli		Engländer.
Herr Müller		Grieche.
Herr Özdemir	ist	Türke.
Herr Johnson		Schweizer.
Herr Galanis		Deutscher.

Frau Rodriguez		Marokkanerin.
Frau Dupont		Österreicherin.
Frau Rossi	ist	Französin.
Frau Mezoued		Spanierin.
Frau Gruber		Italienerin.

Ich bin Maria Rodriguez.

Ich bin Spanierin.

13 Zur Kontrolle: Hör zu und sprich nach. > HÖREN ▶ 40

14 Ergänze die Tabelle. > WORTSCHATZ

Land	er	sie	Sprache
Deutschland		Deutsche	
Österreich			
Griechenland	Grieche		Griechisch
Spanien	Spanier		
England		Engländerin	
Frankreich	Franzose	Französin	
Italien	Italiener		
Marokko			
die Schweiz		Schweizerin	
die Türkei	Türke		

15 Spielt Dialoge. > SPRECHEN

- Frau Rodriguez, sprechen Sie Spanisch?
- Natürlich spreche ich Spanisch. Ich bin Spanierin.

- Und woher kommen Sie?
- Ich komme aus Spanien, klar.

16 Hör zu und mach dir Notizen. Dann ergänze den Text. > HÖREN ▶ 41

Name:

Land:

Wohnort:

Sprachen:

Familie:

Beruf:

Herr Smith kommt aus (1) _____ , aus (2) _____ . Er wohnt in (3) _____

Die Frau von Herrn Smith ist (4) _____ . Herr Smith spricht (5) _____ und

(6) _____ . Martin, sein Sohn, ist zweisprachig, er spricht perfekt (7) _____

und (8) _____ . Herr Smith ist (9) _____ von Beruf.

AB-Übungen
16–24

Phonetik

1a Hör die Wortpaare. Achte auf die Aussprache von *ch* und *sch*. > HÖREN ▶ 42

a. Kirche – Kirsche   **b.** Wicht – wischt   **c.** Fichte – fischte   **d.** Männchen – Menschen

1b Du hörst eines der beiden Wörter. Markiere das Wort, das du hörst. > HÖREN ▶ 43

2 Sprich die Wortpaare aus **1a** laut aus.

3 Sprich die Wörter laut aus. Hör und vergleiche deine Aussprache mit der Aufnahme. > HÖREN ▶ 44

griechi**sch** • russi**sch** • österreichi**sch** • chinesi**sch** • türki**sch**

Wettbewerb in der Klasse: Wer kann die Wörter fehlerfrei aussprechen? Und wer kann es am schnellsten?

Verben im Präsens

	kommen	sprechen
ich	komm-**e**	sprech-**e**
du	komm-**st**	spr**i**ch-**st**
er, sie	komm-**t**	spr**i**ch-**t**
wir	komm-**en**	sprech-**en**
ihr	komm-**t**	sprech-**t**
sie, Sie	komm-**en**	sprech-**en**

Deine Beispiele

spielen

ich	
du	
er, sie	*spielt*
wir	
ihr	
sie, Sie	

Das Fragewort *woher* und die Präposition *aus*

- **Woher** kommt Herr Müller?
- Er kommt **aus** Deutschland, **aus** München.

- **Woher** kommt Jane Füsli?
- Sie kommt **aus** der Schweiz, **aus** Genf.

- **Woher** kommt Mesut? **Aus** der Türkei?
- Ja, er ist Türke.

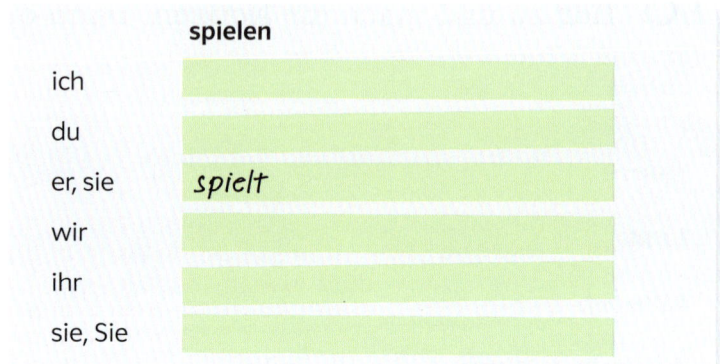

Woher kommt _____ ?

_____ kommt aus _____ ,

aus _____

Das Pronomen *man*

- Was spricht **man** in Italien?
- In Italien spricht **man** Italienisch.

- Wo spricht **man** Polnisch?
- Polnisch spricht **man** in Polen.

- Spricht **man** in Österreich Deutsch?
- Ja, in Österreich spricht **man** Deutsch.

- Was _____
  in _____ ?

- In _____
  spricht _____

Aussagesatz

I	II	III	IV
Zu Hause	sprechen	wir	Arabisch.
In Deutschland	arbeitet	Max	als Mechaniker.

Perfekt _____

Deutsch und Türkisch.

W-Fragen

Wer spricht Englisch?
Wer kommt aus Spanien?
Wer ist Manager?
Was macht Jane?
Wo liegt Paris?

Deine Beispiele

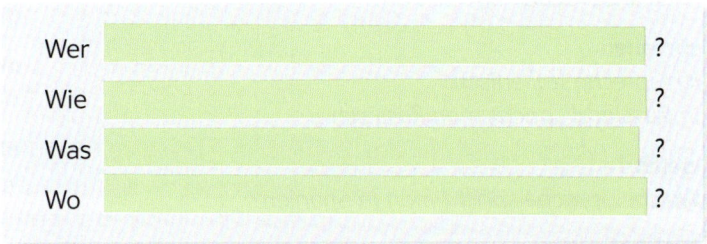

Wer		?
Wie		?
Was		?
Wo		?

Ja / Nein-Frage

- Sprichst du Deutsch zu Hause?
- **Ja**, wir sprechen Deutsch zu Hause.

- Spricht Tom gut Italienisch?
- **Nein**, er spricht kein Wort Italienisch.

- Kommt Frau Füsli aus der Schweiz?
- **Ja**, sie kommt aus der Schweiz.

- Frau Rossi, sprechen Sie Türkisch?
- **Nein**, ich spreche Italienisch.

-
- Ja, Tom spricht sehr gut Englisch.

-
- Nein, er kommt aus Amerika.

Berufe

Was sind sie (von Beruf)?
Markus ist **Architekt**.
Julia ist **Architektin**.
Frau Becker ist **Lehrerin**.
Herr Schröder ist **Lehrer**.

der Lehrer ▶ die Lehrer**in**
der Manager ▶ die Manager**in**
der Künstler ▶ die Künstler**in**
der Student ▶ die Student**in**

der Kellner

die Polizistin

Nationalitäten

John ist **Engländer**.
Mary ist **Engländerin**.
Francesca ist **Italienerin**.
Paolo ist **Italiener**.

der Engländer ▶ die Engländer**in**
der Italiener ▶ die Italiener**in**
der Schweizer ▶ die Schweizer**in**
der Spanier ▶ die Spanier**in**

der Grieche ▶ die Griech**in**
der Türke ▶ die Türk**in**

der Japaner

die Holländerin

der Russe

der Schwede

Wichtige Wörter

die Sprache, -n
Welche Sprachen sprichst du?

sprechen
Ich spreche Italienisch.
In Russland spricht man Russisch.

welch-?
Welche Sprache spricht man in Spanien?

Arabisch

Deutsch

Englisch

Französisch

Griechisch

Italienisch

Spanisch

Türkisch

kein Wort
Ich spreche kein Wort Französisch.

ein bisschen
Ich spreche ein bisschen Deutsch.

nicht gut
David spricht nicht gut Italienisch.

sehr gut
Ich spreche sehr gut Spanisch.

perfekt
Martin spricht perfekt Englisch.

zu Hause
Wir sprechen Türkisch zu Hause.

zweisprachig
Mesut ist zweisprachig.

was?
Was spricht Herr Müller?

das Land, ¨er

woher?
Woher kommst du?

aus
Ich komme aus Spanien.

geboren
Ich bin in Deutschland geboren.

die Eltern
Meine Eltern kommen aus der Türkei.

Deutschland

Österreich

die Schweiz
Herr Füsli kommt aus der Schweiz.

die Türkei
In der Türkei spricht man Türkisch.

die Frau, -en
Frau Rossi ist Italienerin.

der Herr, -en
Herr Füsli, Sie sind Schweizer, nicht wahr?

der Deutsche, -n

die Deutsche, -n
Frau Müller ist Deutsche.

der Franzose, -n

die Französin, -nen

der Grieche, -n

die Griechin, -nen

der Türke, -n

die Türkin, -nen

der Beruf, -e
Was sind Sie von Beruf?

der Künster, -

der Manager, -
Peter Müller ist Manager.

die Managerin, -nen

der Lehrer, -

die Lehrerin, -nen
Frau Gruber arbeitet als Lehrerin.

die Sekretärin, -nen

machen
Was macht Frau Müller?

nicht wahr
Sie sind Engländerin, nicht wahr?

sich freuen
Freut mich!

Landeskunde

1 Richtig (R) oder falsch (F)? Lies den Text und kreuze an.

Die deutschen Dialekte

In Deutschland, Österreich und der Schweiz spricht man nicht immer dasselbe. Es gibt auch sehr, sehr viele Dialekte. Und die sind manchmal gar nicht leicht zu verstehen. Hessen hat allein über 600 Variationen von Hessisch! In Frankfurt sagt man nicht: „Guten Tag!" Man sagt: „Guude!" In Hamburg heißt das: „Moin!" In der Schweiz hört man meistens: „Grüezi!" Und in Österreich: „Servus!" Rund um Wiesbaden sagt man nicht „sprechen", sondern „babbele". Die Hamburger sagen dafür aber „klönen" oder „schnacken". Das „Handy" heißt in der Schweiz „Natel" und statt „Fahrrad" sagt man „Velo". Ganz schön schwer, oder? Keine Angst: Die meisten Menschen in den deutschsprachigen Ländern können nicht nur einen Dialekt, sondern auch Hochdeutsch. Das ist ein Deutsch ohne Dialekt.

       R   F

1. In Hessen gibt es 600 Sprachen.

2. Es gibt viele Variationen für „Guten Tag!"

3. Die Schweizer haben andere Wörter als die Deutschen.

2 Woher kommen die Personen? Finde Informationen im Text und antworte.
   Zeig auf der Landkarte, wo die Personen wohnen.

Karl kommt aus …
Er ist …

Servus! Ich heiße Karl Steiner.

Guude! Ich bin Anne Becker.

Grüezi! Mein Name ist Ben Roth.

Moin! Ich heiße Monika Lange.

Projektecke Sprachen in meinen Nachbarländern

An welche Länder grenzt dein Land? Welche Sprachen sprechen die Menschen dort? Wie begrüßen sie sich? Was sagen sie zum Abschied? Recherchiert und sammelt Informationen.

Die Nachbarländer	Die Menschen sprechen dort: …	Ich begrüße sie: …	Zum Abschied sage ich: …

1 Lies den Text. Was ist richtig (R)? Kreuze an. > LESEN

Fragen und Antworten

Hallo, wir heißen Lea und Max. Heute besuchen wir die Sprachschule „Multilingua" und fragen die Schüler nach den besten Tipps. Wir stehen im Korridor und warten auf sie.

Da ist schon Martin. Er lernt seit sechs Monaten Spanisch und meint: „Am wichtigsten ist der Kontakt zu Spaniern. Ich habe viele spanische Freunde und chatte mit ihnen". Das ist ein guter Tipp. „Ich lerne schnell und gern".

Maria geht schnell zum Englischkurs, aber sie hat noch kurz Zeit. Ihr bester Tipp ist: „Einfach spontan lernen und nicht planen oder Listen machen. Ich spreche schon sehr gut, aber in den Sommerferien fahre ich nach England. Und die Engländer sprechen kein Deutsch".

Wer kommt denn da? Es ist Daniel. Er ist ein Ire und lernt in der Sprachschule Deutsch. „Mein Tipp? Verben, Verben, Verben. Die lerne ich schnell und baue meine Sätze. Ich lerne also nicht nur passiv".

Und welchen Tipp gibt uns Miriam? Sie ist 19, lernt Schwedisch und sagt: „Ein Ziel und Spaß haben. Das ist ganz wichtig. Mein Ziel: im Sommer in Schweden arbeiten". Spaß ist für alle wichtig. Aber ein Ziel ist sicher auch gut".

Am Ende fragen wir noch eine Lehrerin. Frau Kampe antwortet uns gerne: „Regelmäßig in den Unterricht kommen und jeden Tag ein bisschen lernen".

1. Martin hat Probleme mit Spanisch.
2. Maria macht keinen Plan zum Lernen.
3. Daniel kommt aus Irland.
4. Miriam hat keinen Spaß beim Lernen.
5. Frau Kampe ist eine Schülerin.
6. Der Text ist über Tipps zum Sprachenlernen.

> Und welchen Tipp hast du zum Sprachenlernen?

2 Lies die Anzeige und beantworte dann die Fragen. > SPRECHEN

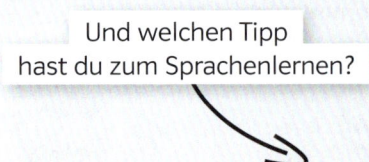

SPRACHINSTITUT
MULTILINGUA – Frankfurt / Main

Englisch • Spanisch • Französisch •
Italienisch • Deutsch • Türkisch

Infos unter:
www.multilingua.de

Oder rufen Sie
Frau Lach an: 069.8715661

NUR MUTTERSPRACHIGE LEHRER!

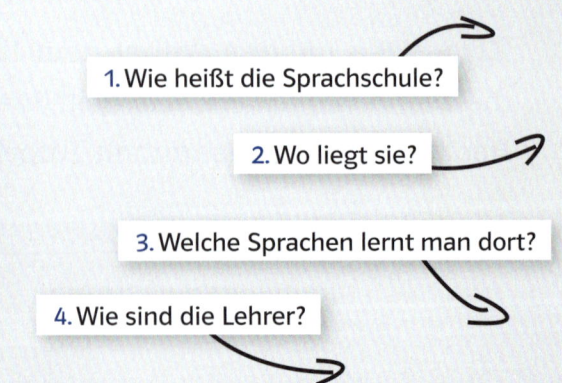

1. Wie heißt die Sprachschule?
2. Wo liegt sie?
3. Welche Sprachen lernt man dort?
4. Wie sind die Lehrer?

3 Schreib eine kurze E-Mail an das Sprachinstitut. > SCHREIBEN

A. Stell dich vor. (Name, Alter, Land, Wohnort)
B. Welcher Kurs?
C. Wie gut sprichst du Deutsch? (Du sprichst ein bisschen Deutsch. Du lernst schon zwei Jahre.)
D. Die Teilnehmer? Woher?

von		an	
Betreff			

Guten Tag!

A. Ich heiße

B. Ich möchte einen Ferienkurs besuchen. Ich habe Sommerferien im Juli und im August.

C.

D.

Herzliche Grüße

4 Sommerkurs. Hör zu und ergänze die Tabelle. > HÖREN ▶ 45

Deutschlernen in Freiburg macht Spaß!

Name		
Alter		
Herkunft		
Wohnort		
Warum Deutsch?		

Internationale Ferienkurse
10.–29. Juli   1.–20. August

Ich bin hier in Freiburg und besuche schon das zweite Mal einen Deutschkurs.

Lektion 5 DER, DIE, DAS

A Wie heißt das auf Deutsch?

1. **das / ein** Mathebuch
2. **der / ein** Laptop
3. **die / eine** Schultasche
4. **das / ein** Handy
5. **der / ein** Kugelschreiber
6. **der / ein** Ordner
7. **das / ein** Deutschheft
8. **die / eine** Mappe
9. **die / eine** Lampe
10. **der / ein** Marker
11. **die / eine** Flöte
12. **das / ein** Poster
13. **das / ein** Mäppchen
14. **die / eine** Uhr
15. **das / ein** Magazin

1 Hör zu und sprich nach. > HÖREN ▶ 46

2 Schau dir das Bild eine Minute lang an. Mach dann das Buch zu. Nenne so viele Dinge wie möglich. > WORTSCHATZ

3 Schau dir das Bild wieder an. Mach dann das Buch zu. Nenne die Schulsachen. > WORTSCHATZ

4 Ich frage, du antwortest … Bildet Dialoge. > SPRECHEN

- Wie heißt Nummer 4 auf Deutsch?
- Nummer 4 heißt auf Deutsch Handy, das Handy.

- Was ist Nummer 13?
- Nummer 13 ist ein Mäppchen.

5 Nein, falsch! Das ist kein Buch! > SPRECHEN

- Ist Nummer 15 **ein** Buch?
- Nein, Nummer 15 ist **kein** Buch. Nummer 15 ist **ein** Magazin.

> **Grammatik**
>
> **Negation mit *kein* (Nominativ)**
>
> **ein** Marker ▶ **kein** Marker
> **eine** Mappe ▶ **keine** Mappe
> **ein** Handy ▶ **kein** Handy

6 Verbinde und bilde Sätze wie im Beispiel. > WORTSCHATZ

das Buch   **die** Flöte   **der** Atlas

das Handy   **die** Uhr   **die** Schultasche

der Kugelschreiber   **das** Mäppchen   **der** Marker

Er schreibt gut.

Sie ist schwer.

Es hat viele Apps.

Es ist langweilig.

Er ist rot.

Es ist praktisch.

Sie ist neu.

Sie ist kaputt.

Er ist bunt.

Das Buch ist langweilig.

> **Grammatik**
>
> **Personalpronomen (Nominativ)**
>
> **der** Atlas ▶ **er**
> **die** Uhr ▶ **sie**
> **das** Handy ▶ **es**

7 Zur Kontrolle: Hör zu und vergleiche. > HÖREN ⊳ 47

AB-Übungen
1–10

B Was brauchen wir im Unterricht?

Also, ihr bringt morgen den Atlas und das Matheheft mit. Und natürlich auch die Flöte. Alles klar?

Aber ich habe keinen Atlas.

Die Flöte? Wozu brauchen wir die Flöte?

Ich finde das Matheheft nicht mehr.

8 Hör zu und antworte in der Muttersprache. > HÖREN ⏵ 48

Was sagt die Lehrerin? Worum bittet sie?

Was fragt Julia?

Wie reagiert Fabian?

Was sagt Mesut?

9 Was sagt die Lehrerin? Was antworten die Schüler? > WORTSCHATZ

Wir brauchen morgen **das Mathebuch**.

Schon wieder **einen Aufsatz**?

Ach, nein! Ich finde **den Text** so langweilig!

Wir machen jetzt **die Übung** auf Seite 57.

Wir lesen **den Text** auf Seite 103.

Ich habe **kein Mathebuch**.

Ihr schreibt **den Aufsatz** für morgen.

Ich habe **die Hausaufgaben** leider nicht.

Wir korrigieren jetzt **die Hausaufgaben**.

Wir machen gern **die Übung**.

Die Lehrerin sagt:

Bringt bitte die Mappe mit!

Die Schüler sagen:

Ich finde die Mappe nicht mehr.

10 Was machen die Schüler im Unterricht? Bilde Sätze. > WORTSCHATZ

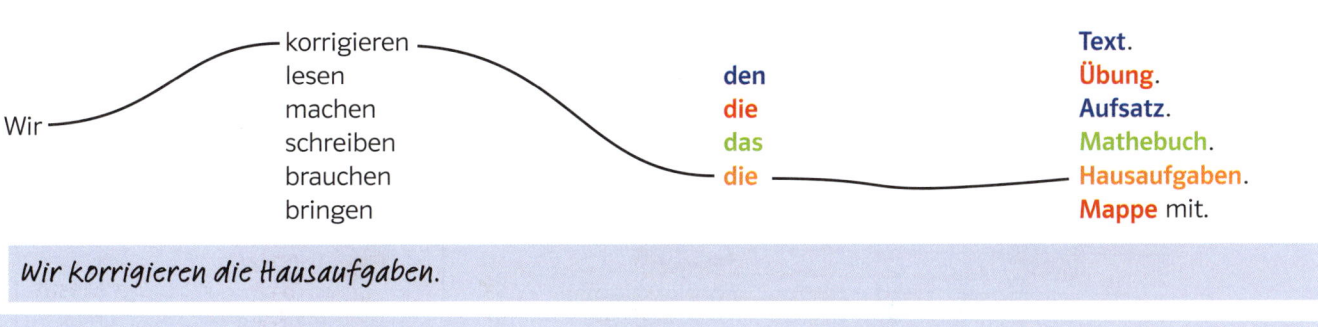

Wir	korrigieren		**den**	**Text**.
	lesen		**die**	**Übung**.
	machen		**das**	**Aufsatz**.
	schreiben		**die**	**Mathebuch**.
	brauchen			**Hausaufgaben**.
	bringen			**Mappe** mit.

Wir korrigieren die Hausaufgaben.

11 Zur Kontrolle: Hör zu und sprich nach. HÖREN ▶ 49

12 Was brauchst du? Bildet Dialoge. > SPRECHEN

- Brauchst du **den** Kugelschreiber?
- Ja, ich brauche **den** Kugelschreiber.
- Nein, ich brauche **den** Kugelschreiber nicht.

der Radiergummi

das Lineal

die Mappe

der Bleistift

der Taschenrechner

die Schultasche

der Spitzer

das Heft

das Mäppchen

die Schere

der Marker

der Ordner

AB-Übungen
11–18

Grammatik

Nominativ		Akkusativ
der Text	▶	**den** Text
die Übung	▶	**die** Übung
das Buch	▶	**das** Buch
die Hausaufgaben	▶	**die** Hausaufgaben

C Hungrig nach der Schule?

1. Ich habe Hunger!
Ich nehme einen Hamburger mit Pommes. Und du, Hanna?
Was nimmst du?

2. Ich auch …
Entschuldigung, was kostet ein Hamburger?

3. Ein Hamburger kostet 2,70 €.

SPEISEN

Bratwurst	2,20 €
Currywurst	2,50 €
Hamburger	2,70 €
Wurstbrot	1,90 €
Schinkenbrot	1,90 €
Frikadelle	2,30 €
Portion Pommes	1,70 €
Portion Ketchup	0,40 €

GETRÄNKE

Cola	2,00 €
Mineralwasser	2,00 €
Apfelsaft	1,80 €
Tasse Kaffee	1,60 €
Glas Tee	1,60 €

13 Hör zu, lies mit und sprich nach. > HÖREN ▶ 50

14 Bildet Dialoge wie im Beispiel. > SPRECHEN

- Was nimmst du, Fabian?
- Ich nehme **eine** Bratwurst und **eine** Cola.
- Und du, Hanna, was nimmst du?
- Ich nehme **ein** Wurstbrot und **einen** Apfelsaft.
- Was kostet **ein** Wurstbrot?
- Es kostet 1,90 Euro.

Grammatik

Nominativ		Akkusativ
ein Hamburger	▶	**einen** Hamburger
eine Bratwurst	▶	**eine** Bratwurst
ein Mineralwasser	▶	**ein** Mineralwasser

15 Frage und antworte wie im Beispiel. > SPRECHEN

- Hast du Hunger? Möchtest du etwas essen?
- Ja, ich habe Hunger, ich möchte **eine** Bratwurst (essen).

- Hast du Durst? Möchtest du etwas trinken?
- Ja, ich habe Durst. Ich möchte **ein** Mineralwasser (trinken).

AB-Übungen
19–29

Phonetik

1 Wortbetonung. Hör die Wörter und kreuze an. > HÖREN ▶ 51

	●	●.	.●	..●
schön				
teuer				
billig				
praktisch				
modern				
aktuell				
schnell				
kaputt				

Betonte Silben sprechen wir laut und deutlich.
Haue bei der betonten Silbe mit der Faust auf den
Tisch! Bei unbetonten Silben klopfe nur leicht mit
der Fingerspitze auf den Tisch.

2 Sprich die Wörter aus 1 laut aus.

Verben im Präsens

	essen	nehmen	brauchen
ich	ess-**e**	nehm-**e**	brauch-**e**
du	**i**ss-**t**	n**i**mm-**st**	brauch-**st**
er, sie, es	**i**ss-**t**	n**i**mm-**t**	brauch-**t**
wir	ess-**en**	nehm-**en**	brauch-**en**
ihr	ess-**t**	nehm-**t**	brauch-**t**
sie, Sie	ess-**en**	nehm-**en**	brauch-**en**

Deine Beispiele

schreiben

ich

du

er, sie, es

wir

ihr

sie, Sie

Der bestimmte und unbestimmte Artikel (Nominativ, Akkusativ)

	Singular			Plural
Nominativ	der	die	das	die
	ein	eine	ein	–

Der Aufsatz ist lang.
Die Übung ist leicht.
Das Buch ist interessant.
Die Hausaufgaben sind schwer.

Ein Apfelsaft kostet 1,80 Euro.
Eine Bratwurst kostet 2,20 Euro.
Ein Schinkenbrot kostet 1,90 Euro.

Student kommt aus London.

Sportschuhe sind super!

Deutschkurs ist interessant.

Kino ist im Zentrum.

Was kostet **ein**   ?
Was kostet **eine**   ?
Was kostet **ein**   ?

	Singular			Plural
Akkusativ	den	die	das	die
	einen	eine	ein	–

Wir schreiben **den** Aufsatz.
Wir machen **die** Übung.
Wir lesen **das** Buch.
Wir korrigieren **die** Hausaufgaben.

Ich trinke **einen** Apfelsaft.
Ich esse **eine** Bratwurst.
Ich nehme **ein** Schinkenbrot.

Ich habe   Videogames.

Liest du   Jugendmagazin?

Max schreibt   SMS.

Katja kauft   Poster.

- Trinkst du **einen**   ?
- Nein, ich trinke **ein**
- Isst du **eine**   ?
- Nein, ich esse **einen**

Negation mit *nicht*

- Ist das Buch interessant?
- Nein, es ist **nicht** interessant.

- Brauchst den Laptop?
- Ich brauche den Laptop **nicht.**

- Findest du die Musik langweilig?
- Nein, sie ist **nicht** langweilig.

Negation mit *kein*

- Ist Nummer 14 **ein** Buch?
- Nein, es ist **kein** Buch.

- Ist Nummer 10 **eine** Lampe?
- Nein, es ist **keine** Lampe.

Personalpronomen (Nominativ)

Hier ist **der** Laptop. **Er** ist modern.
Hier ist **die** Mappe. **Sie** ist praktisch.
Hier ist **das** Poster. **Es** ist cool.
Hier ist **die** Uhr. **Sie** ist elegant.
Hier ist **der** Ordner. **Er** ist blau.
Hier ist **das** Auto. **Es** ist neu.

Die Form *möcht-*

Ich **möchte** ein Stück Kuchen **essen**.

- Was **möchtest** du essen?
- Ich **möchte** eine Bratwurst essen.

- Was **möchtest** du trinken?
- Ich **möchte** ein Mineralwasser trinken.

Deine Beispiele

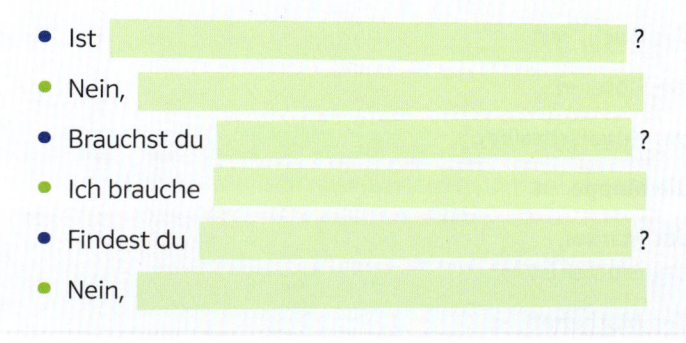

- Ist   ?
- Nein,
- Brauchst du   ?
- Ich brauche
- Findest du   ?
- Nein,

- Ist das   Sportauto?
- Nein, das ist   Sportauto.
- Ist das   MP3-Player?
- Nein, das ist   MP3-Player.
- Ist das   Pizza?
- Nein, das ist   Pizza.

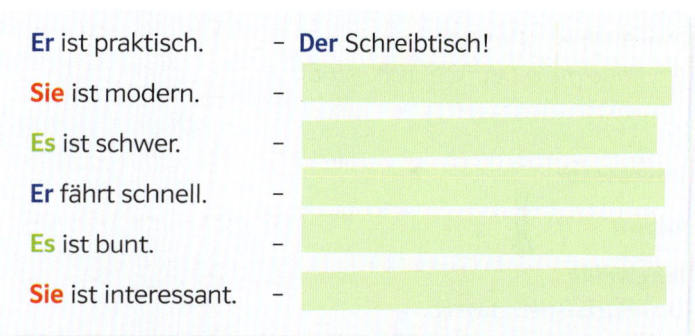

Er ist praktisch.   –   Der Schreibtisch!
Sie ist modern.   –
Es ist schwer.   –
Er fährt schnell.   –
Es ist bunt.   –
Sie ist interessant.   –

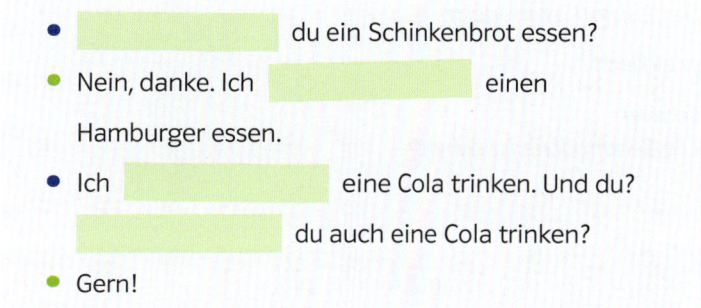

- _____ du ein Schinkenbrot essen?
- Nein, danke. Ich _____ einen Hamburger essen.
- Ich _____ eine Cola trinken. Und du? _____ du auch eine Cola trinken?
- Gern!

Wichtige Wörter

der Atlas, -se
Ich habe keinen Atlas.

das Buch, ̈er

die Flöte, -n

der Kugelschreiber, -

die Mappe, -n

der Marker, -
Der Marker ist rot.

das Matheheft, -e

das Mäppchen, -

der Laptop, -s

die Schultasche, -n

finden
Ich finde das Mathebuch nicht mehr.

kein
Ich habe kein Mathebuch.

nicht
Das Buch ist nicht interessant.
Ich finde mein Deutschbuch nicht.

interessant

kaputt

langweilig
Das Buch ist langweilig.

modern
Der Laptop ist modern.

praktisch

schwer
Die Schultasche ist schwer.

der Aufsatz, ̈e
Wir schreiben den Aufsatz für morgen.

brauchen
Brauchst du das Matheheft?

lesen
Wir lesen den Text auf Seite 23.

mit|bringen
Ihr bringt morgen den Atlas mit.

schreiben

die Seite, -n
Wir machen die Übung auf Seite 45.

der Text, -e
Max liest den Text.

die Übung, -en
Wir machen die Übung.

der Apfelsaft, ̈e

die Bratwurst, ̈e

der Durst (Singular)
Hast du (keinen) Durst?

essen
Was isst du?

die Frikadelle, -n

das Getränk, -e

das Glas, ̈er
ein Glas Tee

der Hamburger, -

der Hunger (Singular)
Ich habe (keinen) Hunger.

(ich) möchte
Ich möchte ein Wurstbrot (essen).

das Mineralwasser, -

nehmen
Was nimmst du, Hanna?

die Portion, -en
eine Portion Pommes

das Schinkenbrot, -e

die Speise, -n

die Tasse, -n
eine Tasse Kaffee

trinken

auf Deutsch
Wie heißt das auf Deustch?

klar
Alles klar?

Entschuldigung!

Landeskunde

1 Richtig (R) oder falsch (F)? Lies den Text und kreuze an.

Die Schultüte

Es ist so weit. Leonie ist 6 Jahre alt und heute ist ihr erster Schultag. Sie und ihre Eltern gehen zur Schule. Leonie hat einen Rucksack und ist sehr nervös. In den Händen hat sie aber auch etwas. Es ist bunt und groß. Was ist das nur? Das ist eine Schultüte, seit Anfang des 19. Jahrhunderts eine typisch deutsche Tradition. Jedes Schulkind bekommt am ersten Schultag seine Schultüte. Die Eltern kaufen diese Schultüte oder machen sie selbst zu Hause. Was finden wir in der Schultüte? Alles, was das Kind in der Schule braucht: eine Mappe, Stifte, ein Buch, Hefte … So kann Leonie lernen. Das ist aber nicht alles. Die Kinder finden in der Schultüte auch Spielsachen, Süßigkeiten oder Obst. Leonie ist froh. In ihrer Schultüte sind auch die leckeren Bonbons, die sie so liebt. Und ein Teddybär.

	R	F
1. Leonies Mutter und Vater gehen mit Leonie in die Schule.		
2. Leonie hat keine Schultüte.		
3. In eine Schultüte kommen viele Sachen.		
4. Leonie bekommt eine Puppe.		

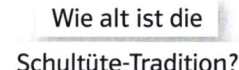

Wie alt ist die Schultüte-Tradition?

2 Lies die Einladung von Leonie und antworte.

Einladung zur Einschulung
Mein erster Schultag ist am 10.08. Ich möchte feiern! Du kannst mich um 9.00 Uhr in der Grundschule als Schulkind sehen! Nach der Feier in der Schule gehen wir in die Pizzeria „Mamma mia!" Ich lade dich herzlich ein. Kommst du? Leonie

Betreff

Liebe Leonie,

Projektecke Unsere Schultüte

Macht in Gruppen eine große Schultüte für euren Freund. Was kommt in die Schultüte und was nicht? Benutzt auch ein Wörterbuch. Welche Gruppe hat die originellste Schultüte?

In die Schultüte für meinen Freund kommt ein / eine …

In die Schultüte für meinen Freund kommt kein / keine …

1 Wer liest welche Anzeige? Lies und ordne zu. > LESEN

A
Wer sucht sein Englisch-buch? Es ist grün und heißt „Green Line". Leider ist kein Name auf der ersten Seite. Wer hat jetzt kein Englisch-buch? Hier ist meine E-Mail-Adresse: julian07_2@web.de

B
Ich brauche einen Laptop. Zum Lernen, also für die Schule. Mein Problem: Ich habe nicht viel Geld. Der Laptop muss nicht neu sein. Bitte helft mir: Wo kaufe ich am besten den Laptop? Danke! :-) 0173-2364571

C
Wir machen ein super, super interessantes Foto-Projekt! Dafür fotografieren wir Schulsachen. Das kann alles sein: ein Buch, ein Heft, vielleicht Stifte? Oder ein Malkasten, eine Schultasche, Sportsachen und sogar ein Radiergummi. Ist das interessant? Ja? Dann komm am Montag um 14:30 Uhr zur Foto-AG in den Raum 027.

Sebastian, 14
Er ist ein Computer-experte und weiß alles über Computer.

Martina, 13
Sie sucht seit 2 Tagen ein Schulbuch. Darum ist sie sehr traurig.

Marie, 15
Sie liebt Fotografieren und Kunst. Sie interessiert sich für neue Ideen.

2 Schreib die Kurznachrichten zu Ende. > SCHREIBEN

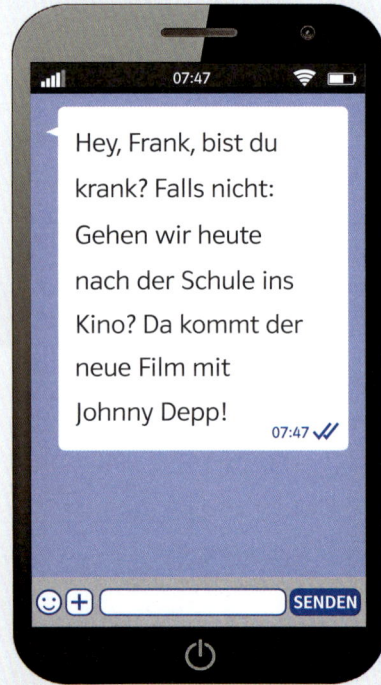

07:47

Hey, Frank, bist du krank? Falls nicht: Gehen wir heute nach der Schule ins Kino? Da kommt der neue Film mit Johnny Depp!

07:47 ✓✓

16:32

Hallo, Jan, 🤕

Frau Schneider hat gesagt:

Alles klar? 16:32 ✓✓

• du noch krank sein?
• morgen wieder da sein?
• ihr morgen den Atlas mitbringen.

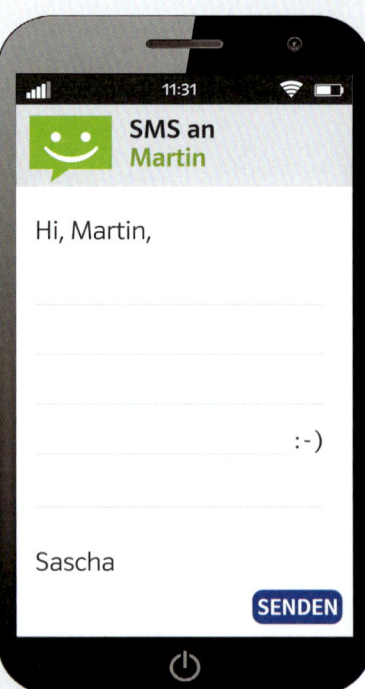

11:31

SMS an **Martin**

Hi, Martin,

:-)

Sascha

• du Hunger haben?
• nach Mathe zusammen Hamburger essen gehen?
• du Lust haben?

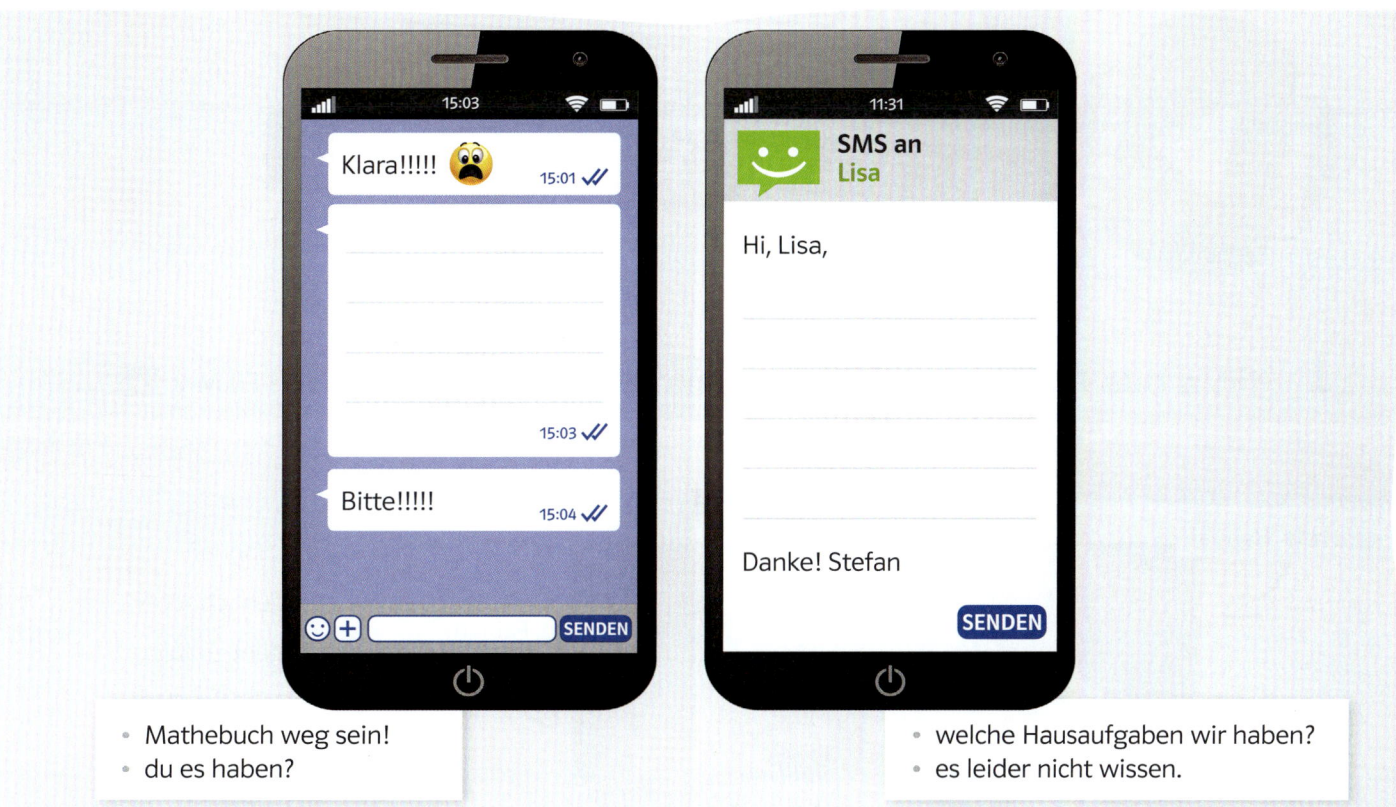

Klara!!!!! 😨 15:01 ✓✓

15:03 ✓✓

Bitte!!!!! 15:04 ✓✓

😊 ➕ [   ] SENDEN

SMS an
Lisa

Hi, Lisa,

Danke! Stefan

SENDEN

- Mathebuch weg sein!
- du es haben?

- welche Hausaufgaben wir haben?
- es leider nicht wissen.

3 Was essen / trinken sie in der Pause? Hör zu und kreuze an. > HÖREN ▶ 52

	Hanna	Fabian	Mesut
einen Schokoriegel			
eine Banane			
ein Schinkenbrot			
einen Saft			

	Hanna	Fabian	Mesut
einen Apfel			
ein Stück Kuchen			
einen Joghurt			
eine Cola			

4 Ergänze frei. Dann antworte. > SPRECHEN

Fabian, hast du alles dabei?

Hast du auch etwas zum Essen dabei?

Klar, ich habe …

Natürlich!
Heute habe ich …

Was hast du heute zum Essen?

Was hast du heute dabei?

VIDEOSTATION 2
ICH HABE SO EINEN HUNGER!

1 Wohin geht Fabian? Wohin geht Hanna? Rate mal! Kreuze an. **> FILM 2** ▶️

Hallo, Hanna!

Was machst du denn hier?

Hallo, Fabian!

Und du? Was machst du?

1. Wohin geht Hanna?

a. ☐ Sie geht shoppen.

b. ☐ Sie geht zu Julia.

c. ☐ Sie geht ins Kino.

2. Wohin geht Fabian?

a. ☐ Er geht ins Stadion.

b. ☐ Er geht zu Mesut.

c. ☐ Er geht in den Jugendclub.

2 Sieh dir den ersten Videoteil an. Ist deine Vermutung richtig? **> FILM 2** ▶️

3 Sieh dir den zweiten Videoteil an und notiere. **> FILM 2** ▶️

Was nimmt Fabian? _____

Fabian nimmt

Was nimmt Hanna? _____

Hanna nimmt

4 Lies die Sätze und ergänze die Personen. Dann sieh dir den Film noch einmal an und kontrolliere. > FILM 2 ▶

Fabian (F), Hanna (H) oder die Verkäuferin (V)?

	Wer sagt das?	Zu wem?
1. Ich hätte gern eine Bratwurst.		
2. Darf es was zu trinken sein?		
3. Eine Cola nehme ich auch gern.		
4. Was macht das?		
5. Klein oder groß?		
6. Und ein Euro zurück.		
7. Ich bin unentschlossen.		
8. Ich nehme nichts zu essen.		

5 Was bedeuten die Sätze in deiner Muttersprache? Übersetze sie.

6 Ergänze den Text.

Julia • trinkt • Senf • Hunger • kostet • Portion • lecker • Wurstbude • bezahlt • Jugendclub • essen • Bratwurst

Fabian trifft Hanna auf der Straße. Fabian geht in den _____ , Hanna geht zu _____

Fabian hat _____ und möchte etwas _____ . In der Nähe gibt es eine

_____ . Fabian nimmt eine _____ mit _____ und eine

_____ Pommes. Hanna _____ nur eine Cola. Die Bratwurst _____ 2,50 Euro.

Fabian _____ insgesamt 9,00 Euro. Fabian findet die Bratwurst sehr _____

7 Wer kann am schnellsten die Fragen beantworten?

1. Welche Farbe hat Hannas Tasche? 🔍
2. Um wie viel Uhr treffen sich Hanna und Fabian?
3. Was kostet 3,90 Euro?
4. Wie viele Personen essen am Tisch?

Bist du scharfsinnig?

VATI, MUTTI & CO

A Ich habe einen Halbbruder

Max

Eva Fischer

Julian

Herr Koch

Lena

Paul

Frau Koch

Familie Koch ist eine besondere Familie, sie ist eine so genannte Patchworkfamilie.

Patchworkfamilie? Was bedeutet das? Herr und Frau Koch haben zwei Kinder:

einen Sohn, Paul, und eine Tochter, Lena. Aber sie leben nicht mehr zusammen,

sie sind geschieden. Paul und Lena wohnen bei ihrer Mutter.

Sie sind heute zu Besuch bei ihrem Vater. Herr Koch hat eine neue Frau, Eva Fischer.

Sie sind verheiratet und wohnen also zusammen. Eva Fischer hat einen Sohn, Max.

Max ist nicht der Sohn von Herrn Koch, aber er wohnt mit seiner Mutter zusammen

bei ihm. Herr Koch und Eva haben einen gemeinsamen Sohn, Julian. Kompliziert?

1 Lies den Text und bilde Sätze. > LESEN

1.	c	Herr Koch ist …	**a.** die Schwester von Paul.
2.		Herr und Frau Koch sind …	**b.** Geschwister.
3.		Eva ist …	**c.** die zweite Frau von Herrn Koch.
4.		Eva ist …	**d.** Herrn Koch und Eva Fischer.
5.		Paul ist …	**e.** der Vater von Paul und Lena.
6.		Lena ist …	**f.** Paul, Lena und Max.
7.		Paul und Lena sind …	**g.** die Eltern von Paul und Lena.
8.		Julian ist der Sohn von …	**h.** die Mutter von Max.
9.		Julian ist der Halbbruder von …	**i.** der Bruder von Lena.

> **Grammatik**
>
> der Bruder **von Max**
> die Schwester **von Pia**
> der Hund **von Julia**

Herr Koch ist der Vater von Paul und Lena.

2 Zur Kontrolle: Hör zu und sprich nach. > HÖREN ▶ 53

3 Wer ist das? Bilde Minidialoge wie im Beispiel. > SPRECHEN

der Sohn von Eva Fischer
der Vater von Julian
die Tochter von Frau Koch
die Eltern von Julian
die Mutter von Max
der Halbbruder von Paul
die Halbschwester von Julian
der Bruder von Lena
der Stiefvater von Max
die Eltern von Lena

- Wer ist der Sohn von Eva Fischer?
- Max ist der Sohn von Eva Fischer.

- Wer ist Julian?
- Julian ist der Sohn von Herrn Koch und Eva Fischer.
  Er ist auch der Halbbruder von Paul, Lena und Max.

4 Hör zu und formuliere dann die Antwort. > HÖREN ⏵ 54

Max, wie viele Personen seid ihr zu Hause?

Wir sind vier Personen: meine Mutter, mein Stiefvater, mein Halbbruder Julian und ich.

Wir sind nur drei Personen: meine Mutter, mein Bruder Paul und ich.

Und wie ist es bei dir, Lena?

Wie viele Personen seid ihr zu Hause?

5 Sieh dir das Foto an und schreib einen Text. > SCHREIBEN

Familie Lang ist eine Großfamilie. Zu Hause

sind sie

6 Klassenumfrage. Sammelt Informationen und erzählt. > SPRECHEN

In meiner Klasse haben sieben Schüler einen Bruder.
Zwei Schüler …

AB-Übungen
1–9

Wer hat wie viele Geschwister?

Wer hat einen Bruder?   ЖІ ІІ   7
Wer hat eine Schwester?
Wer hat einen Bruder und eine Schwester?
Wer hat zwei Brüder?
Wer hat zwei Schwestern?
Wer hat …?
Wer ist Einzelkind?

B Wir haben ein Haustier!

Wir wohnen in einem Haus mit Garten. Wir haben auch einen Hund, Fleck. Ich mag meinen Hund sehr. Er ist ein Mischling, nicht sehr groß. Ich gehe zweimal am Tag mit ihm spazieren. Ein Mal am Tag bekommt er Hundefutter und frisches Wasser. Fleck ist sehr intelligent: Ich rede mit ihm und er versteht alles. Er kann hoch springen und sehr schnell laufen. Wenn ich ihn rufe, kommt er zu mir.

Ich wohne mit meiner Familie in einer Wohnung im Zentrum. Sie ist nicht sehr groß. Wir haben auch Haustiere: einen Goldfisch und eine Katze, Mauzi. Sie ist ganz schwarz, hat aber eine weiße Nase. Sie spielt oft mit einem kleinen Ball oder sie schläft in ihrem Korb. Sie kann sehr laut miauen, wenn sie hungrig ist. Ich möchte auch so gern einen Hund haben, aber meine Mutter will nicht. Sie sagt, wir haben keinen Platz zu Hause. Ich besuche oft meine Großeltern, sie haben einen Hund: Black. Ich gehe gern mit Black spazieren.

7 Hör zu und lies mit. Dann beantworte die Fragen. > HÖREN ▶ 55

1. Wo wohnt Max?

2. Wer ist Fleck?

3. Wie ist Fleck?

4. Wo wohnt Lena?

5. Hat Lena Haustiere? Welche?

6. Wie ist Mauzi?

8 Wir gehören auch zur Familie. Hör zu und sprich nach. > HÖREN ▶ 56

1. **der** Hund
2. **die** Katze
3. **der** Goldfisch
4. **das** Kaninchen
5. **der** Hamster
6. **die** Schildkröte
7. **das** Meerschweinchen
8. **der** Kanarienvogel

9 Ergänze die Tabelle und antworte. > SPRECHEN

einen	eine	ein	zwei, drei
			Hunde
			Katzen
			Goldfische
			Hamster
			Kaninchen
			Kanarienvögel
			Schildkröten
			Meerschweinchen

Hast du Haustiere?
Möchtest du ein Haustier haben?

Ich habe …

10 Kettenfragen. > SPRECHEN

Hast du Haustiere? ▶ Ja, ich habe **einen** Hund. Hast du Haustiere?
▶ Nein, ich habe leider keine Haustiere. Hast du Haustiere?
▶ Ja, ich habe zwei …

Grammatik

der Hamster	▶	die Hamster
der Hund	▶	die Hunde
die Katze	▶	die Katzen
der Vogel	▶	die Vögel

11 Bildet Dialoge wie im Beispiel. > SPRECHEN

● Hast du **einen** Hamster?
● Nein, ich habe **keinen** Hamster, aber ich habe **eine** Katze!

12 Stell die Personen vor. > SPRECHEN

Also, Thomas ist 15 und wohnt in Freising. Das liegt bei München.
Thomas hat zwei Brüder.
Sie heißen Timo und Alex.
Thomas hat auch ein Meerschweinchen. Es heißt Dido.

Sebastian, 14
Frankfurt
1 Schwester (Susi)
1 Hund (Trixi)

Thomas, 15
Freising / München
2 Brüder (Timo, Alex)
1 Meerschweinchen (Dido)

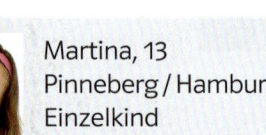
Martina, 13
Pinneberg / Hamburg
Einzelkind
1 Katze (Laska)

Regina, 15
Graz / Österreich
1 Bruder (Peter)
1 Kanarienvogel (Tschipi)

AB-Übungen
10–17

C Wann ist deine Oma geboren?

Paul, wann ist deine Oma geboren?
Weißt du das?

Und dein Opa?

Natürlich weiß ich das. Sie ist 1943 (neunzehnhundertdreiundvierzig) geboren.

Er ist 1939 (neunzehnhundertneununddreißig) geboren.

13 Hör zu und sprich nach. Beantworte dann die Fragen. > HÖREN ▶ 57

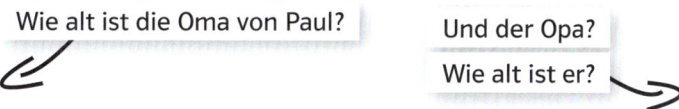

Wie alt ist die Oma von Paul?

Und der Opa?
Wie alt ist er?

14 Wie liest man das Jahr? Hör zu und sprich nach. > HÖREN ▶ 58

1789   1815   1871   1945   1990   2000   2015

15 Kettenfragen. > SPRECHEN

Wann bist du geboren? ▶ Ich bin … geboren. Wann ist deine Schwester geboren? ▶ Sie ist … geboren.
Wann ist dein Vater geboren? ▶ Er ist …

16 Wann sind sie geboren? Wann sind sie gestorben? > SPRECHEN

Albert Einstein
1879–1955

Marlene Dietrich
1901–1992

Thomas Mann
1875–1955

Romy Schneider
1938–1982

Olga beschreibt ihre Familie. Hör zu und lies mit. > HÖREN ▶ 59

Der Stammbaum von Olgas Familie

Ich habe eine große Familie – 14 Personen! Mein Vater heißt Rainer, er ist 40 Jahre alt.

Meine Mutter Dagmar ist 38. Sie ist sehr lieb und sie kann sehr gut Auto fahren! Mein Vater

mag Sport und kann sehr gut Basketball spielen. Ich habe einen Bruder Michael und eine

Schwester Elke. Mein Bruder mag Musik und hat viele CDs. Er kann sehr gut Gitarre spielen.

Er ist etwas chaotisch. Elke dagegen ist pedantisch, sie mag Mathematik und Physik.

Lena ist meine Cousine und Paul ist mein Cousin. Lena ist die Tochter von

Onkel Günter und Tante Claudia. Und Paul ist der Bruder von Lena. Paul ist ein Computerfan.

Er kann sehr gut Computergames spielen. Lena ist auch meine beste Freundin.

Wir gehen oft zusammen ins Kino. Wir mögen Filme. Ich habe noch eine Tante.

Sie heißt Beate. Sie ist fröhlich und kann sehr gut Italienisch und Englisch sprechen.

Ich habe zwei Omas und zwei Opas. Super, nicht wahr? Sie sind lustig und klug.

Sie können interessant erzählen. Ich besuche sie sehr oft!

18 Ich frage, du antwortest … Bildet Dialoge. > SPRECHEN

- Wer ist Michael?
- Er ist der Sohn von Rainer und Dagmar. Aber er ist auch der Cousin von Lena und Paul.

- Was kann Michael sehr gut machen?
- Er kann sehr gut Gitarre spielen.

- Wer ist Rainer?
- Er ist der Vater von Olga. Er ist auch der Vater von Michael und Elke.

- Was mag Rainer?
- Er mag Sport.

19 Meine Familie. Ergänze die Tabelle. Stell dann deine Familie vor. > SPRECHEN

Wer?	Name	Alter	Er/Sie ist …	Er/Sie kann (nicht) …	Er/sie mag (nicht) …
meine Mutter					
mein Vater					
mein Bruder					
…					

Ich habe einen Bruder. Er heißt …

Ich habe zwei Tanten …

Mein Onkel kann sehr gut …

Meine Eltern heißen …

Ich habe auch einen Hund und eine Katze …

Meine Schwester mag …

AB-Übungen
18–24

Phonetik

1a *u* oder *ü*? Hör die Wortpaare. > HÖREN ▶ 60

a. Bruder – Brüder   **b.** Mutter – Mütter   **c.** Frau Muller – Frau Müller   **d.** Herr Gute – Herr Güte

1b Du hörst jetzt eines der beiden Wörter. Markiere. > HÖREN ▶ 61

2a *o* oder *ö*? Hör die Wortpaare. > HÖREN ▶ 62

a. Vogel – Vögel   **b.** Ohr – Öhr   **c.** Frau Scholler – Frau Schöller   **d.** Herr Toppers – Herr Töppers

2b Du hörst jetzt eines der beiden Wörter. Markiere. > HÖREN ▶ 63

3 Sprich die Wortpaare aus **1a** und **2a** laut aus.

Das Verb *haben* im Präsens

	haben
ich	**habe**
du	**hast**
er, sie, es	**hat**
wir	**haben**
ihr	**habt**
sie, Sie	**haben**

Die Präposition *von*

Die Eltern **von Lena** sind sehr lustig.
Der Hund **von Max** heißt Pablo.
Der Bruder **von Thomas** ist 16.
Das Haus **von Julia** ist modern.
Die Schultasche **von Leonie** ist schwer.

Personalpronomen (Nominativ)

der Hund	▸	**Er** heißt Pablo.
die Katze	▸	**Sie** heißt Mieze.
das Kaninchen	▸	**Es** heißt Frick.
die Goldfische	▸	**Sie** heißen Splish und Splasch.

Das Possessivpronomen *mein, dein* (Nominativ)

Singular		
mein / dein	**meine / deine**	**mein / dein**
Vater	Schwester	Kaninchen
Bruder	Mutter	Mineralwasser
Hund	Katze	Mathebuch
Plural		
meine / deine		
Eltern		
Cousins		
Haustiere		

Deine Beispiele

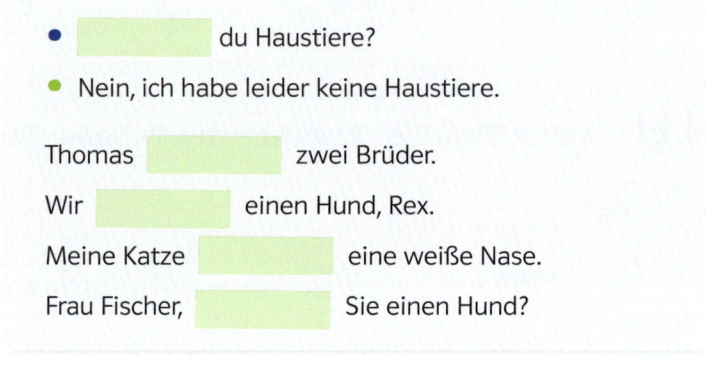

- • _____ du Haustiere?
- • Nein, ich habe leider keine Haustiere.

Thomas _____ zwei Brüder.
Wir _____ einen Hund, Rex.
Meine Katze _____ eine weiße Nase.
Frau Fischer, _____ Sie einen Hund?

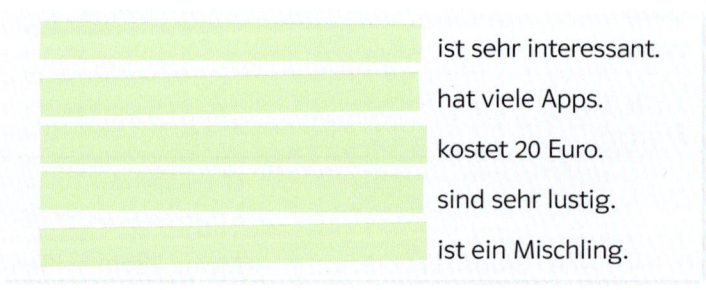

_____ ist sehr interessant.
_____ hat viele Apps.
_____ kostet 20 Euro.
_____ sind sehr lustig.
_____ ist ein Mischling.

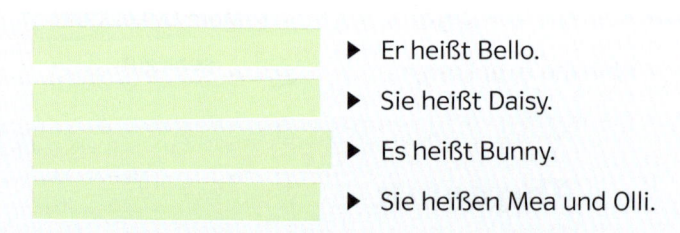

_____ ▸ Er heißt Bello.
_____ ▸ Sie heißt Daisy.
_____ ▸ Es heißt Bunny.
_____ ▸ Sie heißen Mea und Olli.

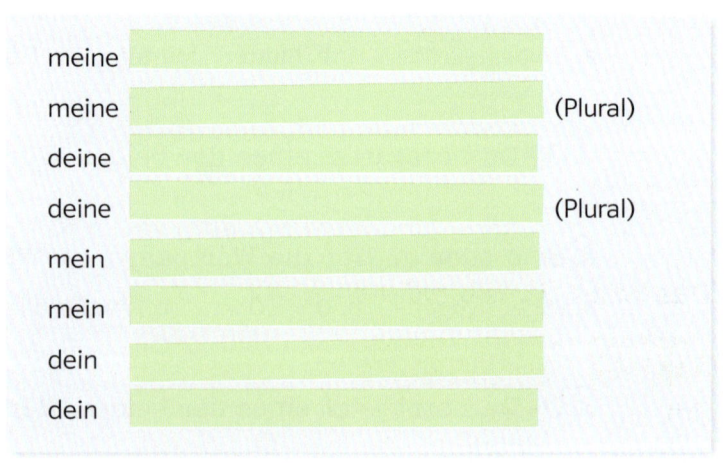

meine _____
meine _____ (Plural)
deine _____
deine _____ (Plural)
mein _____
mein _____
dein _____
dein _____

Plural

-e	das Pferd	▶	die Pferd**e**
	der Fisch	▶	die Fisch**e**
-n	die Schwester	▶	die Schwester**n**
	die Katze	▶	die Katze**n**
¨	der Vater	▶	die V**ä**ter
	der Vogel	▶	die V**ö**gel
–	der Hamster	▶	die Hamster
	das Kaninchen	▶	die Kaninchen
-s	die Oma	▶	die Oma**s**
	der Opa	▶	die Opa**s**

Deine Beispiele

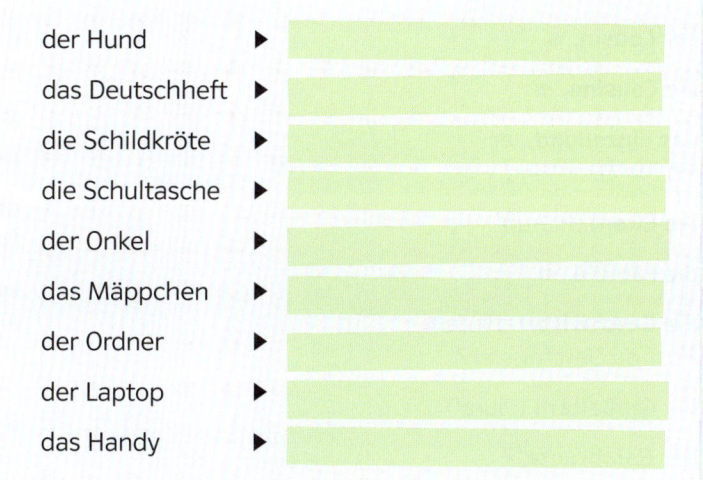

der Hund ▶

das Deutschheft ▶

die Schildkröte ▶

die Schultasche ▶

der Onkel ▶

das Mäppchen ▶

der Ordner ▶

der Laptop ▶

das Handy ▶

Fragewort *wann*

Wann ist dein Bruder geboren?
Wann gehen wir ins Kino?
Frau Krause, **wann** spielen Sie Tennis?
Wann gehst du zur Schule, Fabian?

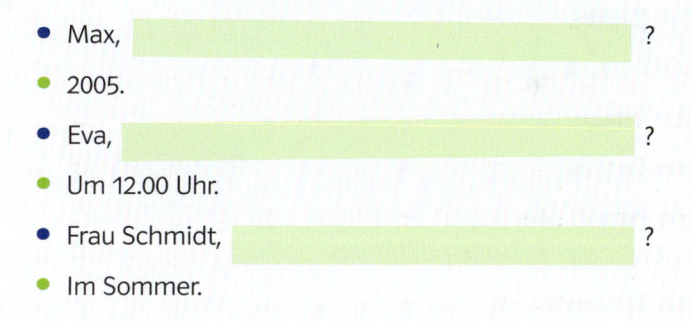

● Max, ?

● 2005.

● Eva, ?

● Um 12.00 Uhr.

● Frau Schmidt, ?

● Im Sommer.

Das Modalverb *können*

	können
ich	**kann**
du	**kannst**
er, sie, es	**kann**
wir	**können**
ihr	**könnt**
sie, Sie	**können**

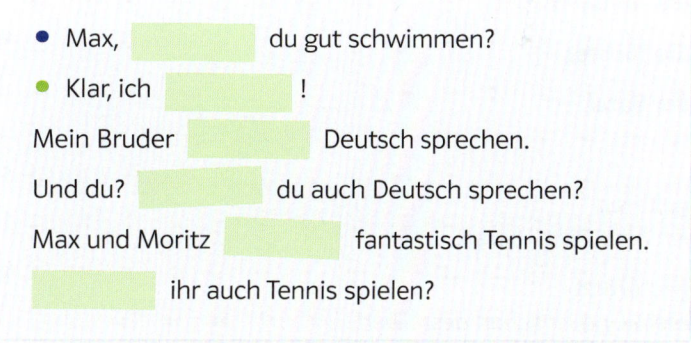

● Max, du gut schwimmen?

● Klar, ich !

Mein Bruder Deutsch sprechen.

Und du? du auch Deutsch sprechen?

Max und Moritz fantastisch Tennis spielen.

ihr auch Tennis spielen?

Das Modalverb *mögen*

	mögen
ich	**mag**
du	**magst**
er, sie, es	**mag**

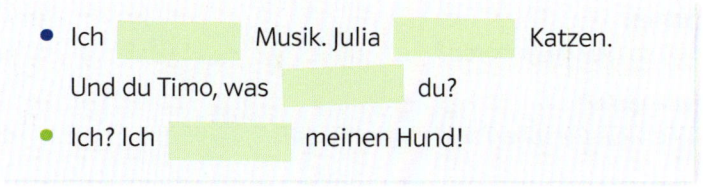

● Ich Musik. Julia Katzen.

Und du Timo, was du?

● Ich? Ich meinen Hund!

Wichtige Wörter

der Bruder, ⸚
Ich habe einen Bruder.

der Cousin, -s

die Cousine, -n

das Einzelkind, -er
Ich bin Einzelkind.

die Eltern (Plural)

die Familie, -n

die Geschwister (Plural)
Hast du Geschwister?

die Großeltern (Plural)

der Halbbruder, ⸚

die Halbschwester, -n

die Mutter, ⸚

die Oma, -s

der Onkel, -

der Opa, -s

die Person, -en
Wir sind vier Personen zu Hause.

die Schwester, -n

der Sohn, ⸚e

die Tante, -n

die Tochter, ⸚

der Vater, ⸚

geboren
Ich bin 2001 geboren.

gestorben
Mein Opa ist schon gestorben.

bei
Wie ist es bei dir, Lena?

wann?
Wann bist du geboren?

wie viele?
Wie viele Personen seid ihr zu Hause?

von
Wie heißt der Sohn von Frau Fischer?

besuchen
Ich besuche oft meine Großeltern.

das Haus, ⸚er
Ich wohne in einem Haus mit Garten.

der Platz, ⸚e
Wir haben keinen Platz zu Hause.

die Wohnung, -en
Wir wohnen in einer Wohnung im Zentrum.

zu Besuch
Familie Koch ist heute zu Besuch.

das Haustier, -e
Hast du Haustiere?
Ich möchte gern ein Haustier haben.

können (ich / er / sie kann)
Fleck kann sehr hoch springen.

miauen

mögen (ich / er / sie mag)
Ich mag meine Haustiere.

reden
Max redet mit Fleck.

rufen

spazieren gehen
Ich gehe zweimal am Tag spazieren.

wollen (sie will)
Meine Mutter will es nicht.

chaotisch

fröhlich

groß
Meine Katze ist nicht sehr groß.

intelligent
Mein Hund ist sehr intelligent.

klug

lieb

lustig
Meine Großeltern sind sehr lustig.

die Nase, -n
Meine Katze hat eine weiße Nase.

Landeskunde

1 Lies den Text und beantworte die Frage.

Schäferhund oder Dackel?

In Deutschland gibt es 31 Millionen Haustiere. Normalerweise ist die Frage: „Hund oder Katze?" Wir sind heute in Dortmund, fragen Leute auf der Straße aber: „Schäferhund oder Dackel?" Da ist schon ein Mädchen. Sie antwortet: „Das ist klar, ganz klar. Ein deutscher Schäferhund. Schäferhunde sind elegant und schön". Und dann zeigt sie ein Foto auf dem Handy und sagt: „Das ist mein Schäferhund". Weiter geht es. Da kommt ein alter Mann. Mit Dackel! Wir fragen ihn: „Schäferhund oder Dackel?" Er lacht und sagt: „Dackel natürlich. Ich bin klein und habe kurze Beine. So wie mein Dackel". Wir fragen noch einen Jungen. „Mein Opa hat einen deutschen Dackel. Dackel sind aber Hunde für alte Leute. Ich finde Schäferhunde besser. Aber ich habe leider keinen. Nur einen Vogel". 2:1 für den Schäferhund. Das passt zur Statistik: 1 Million Schäferhunde leben in Deutschland, aber nur 300.000 Dackel. Und was antwortet ihr?

Welche Haustiere haben die drei Personen (nicht)?

1. Das Mädchen hat …

2. Der alte Mann hat …

3. Der Junge hat …, aber …

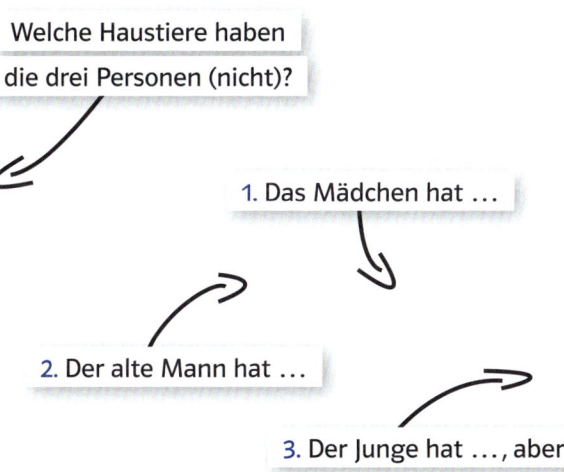

Projektecke Fakten zu Schäferhunden und Dackeln

○ Sammelt per Internet die Daten und Fakten zu Schäferhunden und Dackeln.

In Deutschland gibt es _____ Schäferhunde und _____ Dackel.

Ein Schäferhund wird _____ Jahre alt, ein Dackel _____ Jahre.

Ein Schäferhund ist _____ cm groß, ein Dackel _____ cm.

○ Ein Schäferhund wiegt _____ kg, ein Dackel _____ kg.

Noch mehr Fakten und Daten: _____

1 Ergänze die Lücken mit den Wörtern. > LESEN

Mutter • Sohn • Frau • Opa • Enkel • Bruder • Sohn • Vater • Tochter

A

Mein Name ist Markus. Klar, Familie ist wichtig. Aber ich muss viel arbeiten und habe nur wenig Zeit. Oft reise ich ins Ausland und bin dort ein paar Wochen. Aber meine _____ ist immer mit meinem _____ Martin und meiner _____ Melanie. Zum Glück gibt es Telefone und Skype. Egal, wo ich bin — in Rio de Janeiro, in Peking oder St. Petersburg: So habe ich immer Kontakt zu meiner Familie. Und ich freue mich schon auf Weihnachten. Da sind wir alle zusammen.

B

Ich heiße Melanie. Ich liebe es, wenn mein _____ erzählt, wie das Leben vor 60 Jahren war. Echt interessant! Mein _____ Martin und ich sind oft da. Mein _____ ist leider oft weg. Er muss im Ausland arbeiten. Aber meine _____ ist immer mit uns. Sie arbeitet nur bis 13 Uhr. Da sind wir ja noch in der Schule. Weihnachten und Ostern feiern wir immer mit der kompletten Familie. Das ist superschön!

Ich heiße Gerald. Familie? Das ist mir sehr wichtig. Zum Glück besuchen mich meine _____ oft. Nicht nur an Weihnachten oder Ostern, sondern oft einfach so, an einem normalen Tag oder am Wochenende. Ich erzähle dann aus meinem Leben, wie es war, als ich jung war. Leider hat mein _____ nicht viel Zeit. Er muss viel arbeiten. Aber bald ist Weihnachten — da ist er natürlich da.

C

2 Hör zu und notiere. Dann erzähle. > HÖREN ▶ 64

Also, das sind zwei Zwillingsbrüder.
Sie heißen …

Namen:		Herkunft:	
Alter:		Geschwister:	
Wohnort:		Haustiere:	

3 Schreib einen Text über deine Familie. > SCHREIBEN

Meine Familie ist …	groß / klein.
Zu Hause sind wir …	zwei / drei / vier / … Personen.
Meine Eltern heißen …	…
Meine Eltern sind …	40 / 45 / 51 / … Jahre alt.
Mein Vater mag …	Sport / Konzerte / …
Meine Mutter mag …	Musik / Kino / …
Ich habe …	einen Bruder / zwei Brüder / eine Schwester / zwei Schwestern / …
Ich habe …	keine Geschwister.
Ich bin …	Einzelkind.
Wir haben viele Haustiere: …	einen Hund / zwei Hunde / eine Katze / drei Goldfische …
Wir haben leider …	keine Haustiere.
Wir wohnen …	in einem Haus mit Garten / in einer Wohnung.
Ich kann / Meine Schwester kann …	sehr gut schwimmen / gut Englisch sprechen / Flöte spielen.

4 Wer bin ich? Spielt zusammen. > SPRECHEN

Schreib den Namen eines Tiers auf einen Klebezettel. Zeig niemandem, welches Tier das ist. Klebe den Zettel auf den Kopf einer Mitschülerin oder eines Mitschülers. Sie oder er stellt Ja / Nein-Fragen und muss raten, welcher Tiername auf dem Zettel steht.

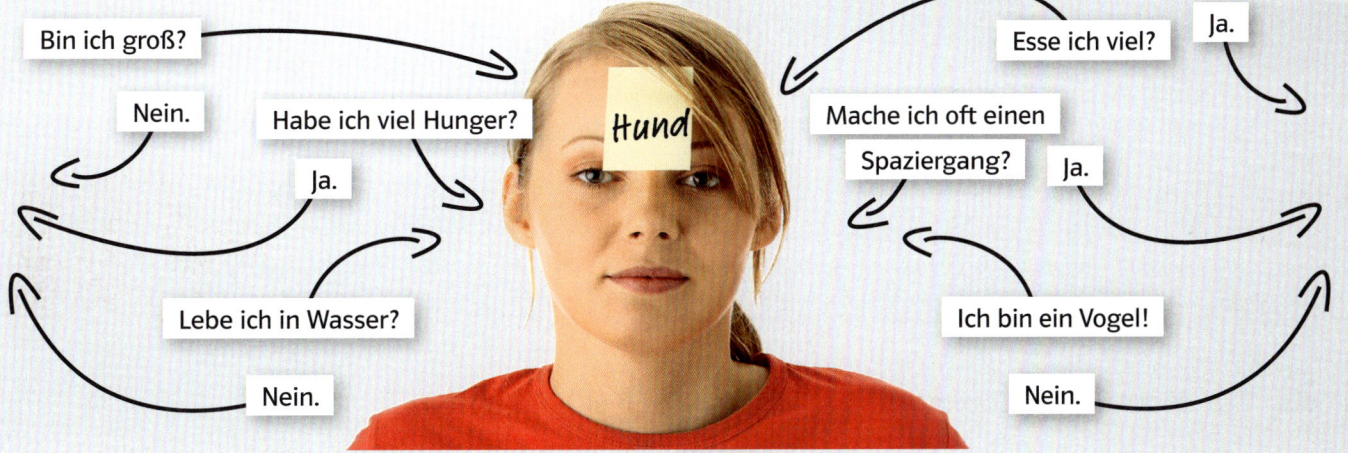

Lektion 7

HIER WOHNE ICH!

A Das ist unsere Wohnung

Das ist unsere Wohnung. Sie liegt direkt im Zentrum.
Wir wohnen hier seit zwei Jahren. Die Wohnung
ist nicht sehr groß: 70 m² (Quadratmeter).
Sie hat zwei Schlafzimmer, ein Wohnzimmer,
eine Küche, ein Bad und einen kleinen Balkon.
Die Wohnung liegt im 3. (dritten) Stock.
Die Nachbarn sind nett und auch die Gegend
ist schön: Es gibt einen kleinen Park.

1 Lies den Text und bilde die Sätze. > LESEN

Die Wohnung von Lena — ist / hat / liegt —
eine Küche.
drei Zimmer.
im Zentrum.
nicht sehr groß.
einen Balkon.
ein Wohnzimmer.
im dritten Stock.
zwei Schlafzimmer.

Die Wohnung von Lena hat eine Küche.

2 Zur Kontrolle: Hör zu und sprich nach. > HÖREN ▶ 65

3 Antworte. > SPRECHEN

Ich wohne in einem Haus mit Garten.

Das Haus ist groß. Es hat …

Wohnst du in einem Haus oder in einer Wohnung?
Wie groß ist dein Haus / deine Wohnung?
Wie viele Zimmer hat dein Haus / deine Wohnung?
Hat dein Haus / deine Wohnung einen Garten / einen Balkon / eine Terrasse …?
Ist dein Haus / deine Wohnung groß / klein / gemütlich / schön …?
Wohnst du gern in deinem Haus / deiner Wohnung?
Wie sind die Nachbarn? Nett / (un)sympathisch …

4 Was antwortet Rita? Hör zu und ordne die Antworten zu. > HÖREN ⏵ 66

1. Ganz schön, aber klein!
2. Nicht sehr groß, aber hell!
3. Nicht so gut.
4. Gut, danke!

Rita, wie gefällt dir unsere neue Wohnung?

Hallo, Rita! Komm rein!

Und? Wie geht's dir?

5 Bildet Minidialoge. > SPRECHEN

● Wie gefällt dir mein Wohnzimmer?
● Sehr schön!

das Zimmer
die Wohnung
das Haus
der Garten
das Arbeitszimmer
das Bad
der Balkon
die Terrasse

Fantastisch!
Sehr schön!
So gemütlich!
Schön groß!
Schön groß und hell!
So praktisch!

Nicht so gut!
Nicht sehr hell!
Nicht sehr groß!
Ganz schön, aber klein!
Ganz groß, aber nicht
  sehr gemütlich.

AB-Übungen
1 – 9

B Wie findest du mein Sofa?

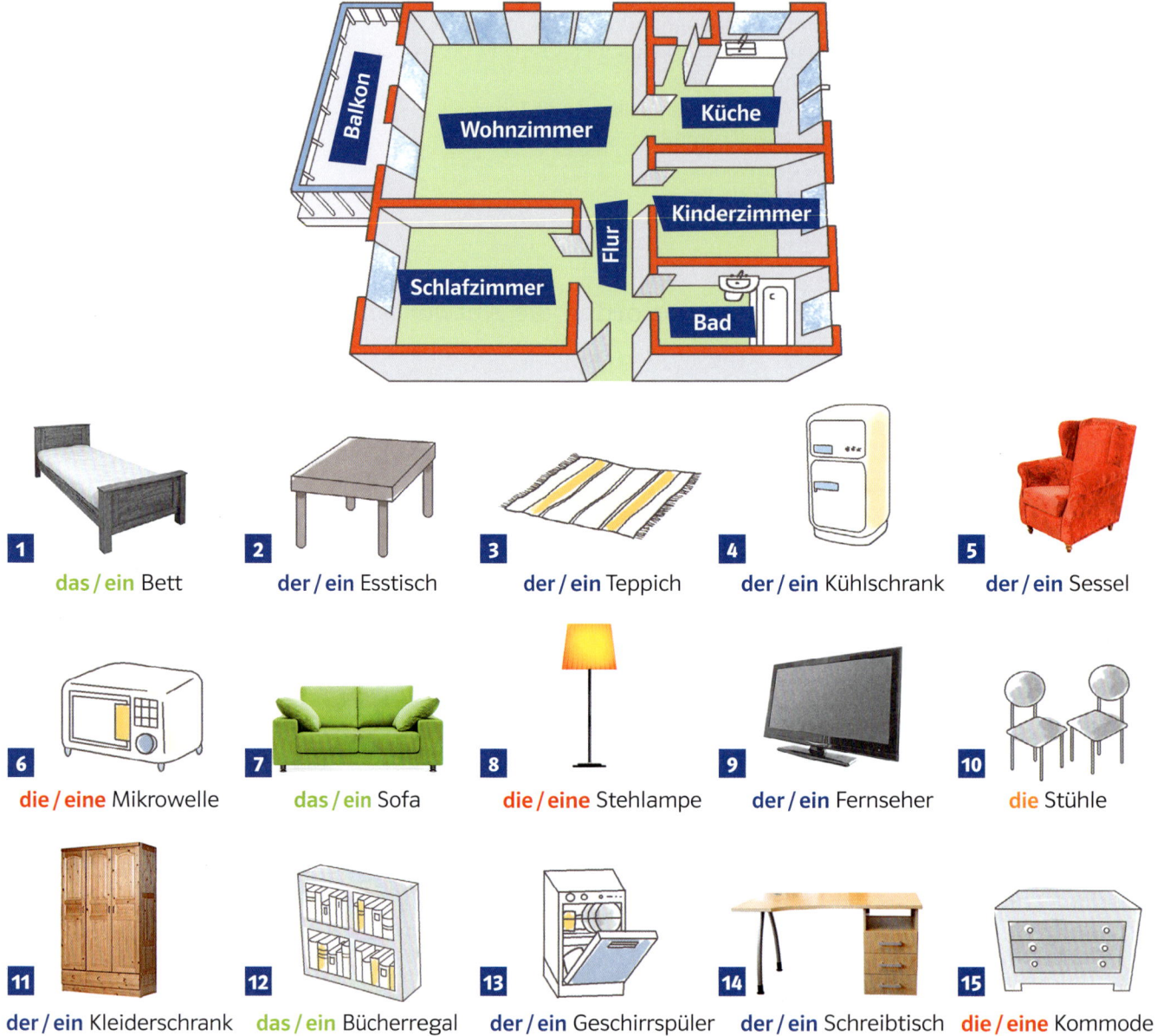

1 das / ein Bett

2 der / ein Esstisch

3 der / ein Teppich

4 der / ein Kühlschrank

5 der / ein Sessel

6 die / eine Mikrowelle

7 das / ein Sofa

8 die / eine Stehlampe

9 der / ein Fernseher

10 die Stühle

11 der / ein Kleiderschrank

12 das / ein Bücherregal

13 der / ein Geschirrspüler

14 der / ein Schreibtisch

15 die / eine Kommode

6 Hör zu und sprich nach. > HÖREN ▶ 67

7 Schau dir das Bild eine Minute lang an. Dann mach das Buch zu.
Nenne so viele Dinge wie möglich. > WORTSCHATZ

8 Ich frage, du antwortest ... > SPRECHEN

- Ist Nummer 5 ein Sessel?
- Ja, Nummer 5 ist ein Sessel.

- Ist Nummer 4 ein Geschirrspüler?
- Nein, Nummer 4 ist kein Geschirrspüler. Nummer 4 ist ein Kühlschrank.

9 Wie lautet der Plural? Hör zu und ergänze. > HÖREN ▶ 68

ein Tisch, zwei Tisch

eine Lampe, zwei Lampe

ein Stuhl, zwei Stühl

ein Regal, zwei Regal

ein Sofa, zwei Sofa

ein Sessel, zwei Sessel

ein Zimmer, zwei Zimmer

ein Bad, zwei Bäd

ein Haus, zwei Häus

ein Schrank, zwei Schränk

eine Wohnung, zwei Wohnung

eine Mikrowelle, zwei Mikrowelle

ein Geschirrspüler, zwei Geschirrspüler

eine Kommode, zwei Kommode

10 Hör zu und kreuze die Antwort an. > HÖREN ▶ 69

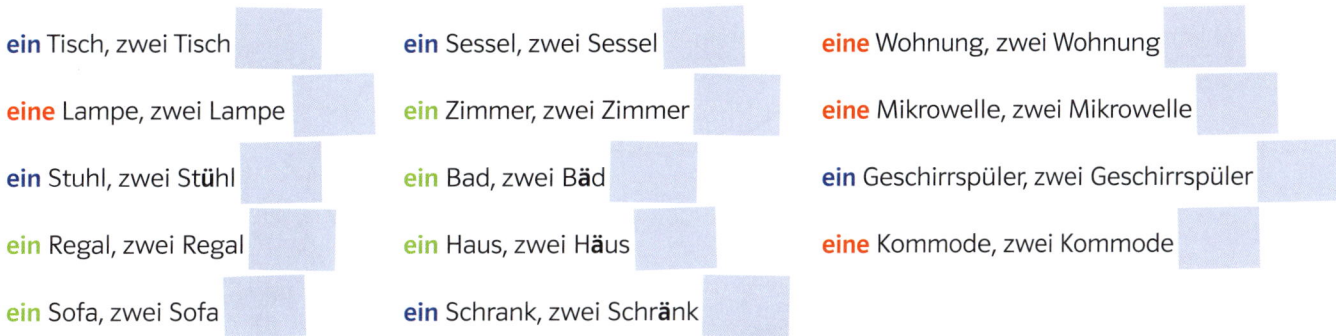

Mutti, wie findest du **das** Sofa?

Ich finde **es** originell und schön.

Und wie gefällt dir **das** Sofa, Paul?

Ich finde **es** unbequem.

Wem gefällt das Sofa von Lena?

☐ Der Mutter.

☐ Paul.

11 Bilde Minidialoge. > SPRECHEN

- Wie findest du **den** Sessel?
- Ich finde **ihn** sehr bequem.

- Und wie findest du **die** Stehlampe?
- Ich finde **sie** modern.

schick	nützlich	(un)bequem
originell	altmodisch	groß
schön	(un)praktisch	modern

Grammatik

Personalpronomen (Akkusativ)

den Sessel ▶ **ihn**
die Lampe ▶ **sie**
das Sofa ▶ **es**

die Stühle ▶ **sie**

AB-Übungen
10 – 18

C In meinem Zimmer

Ich habe leider kein eigenes Zimmer. Ich teile das Zimmer mit meinem Bruder Paul. Das Zimmer ist nicht sehr groß. Wir haben nur einen Schreibtisch. Also streiten wir uns, wenn wir Hausaufgaben machen … Oder ich will Musik hören und mein Bruder will chatten, seine Freunde auf Facebook treffen usw. Wir haben auch nur einen Kleiderschrank und er ist immer so voll! Ich möchte so gern ein Zimmer für mich allein haben.

Mein Zimmer ist o. k. Ich habe mein Bett, meinen PC, einen Sessel und natürlich einen Schreibtisch nur für mich. Hier lerne ich für die Schule, surfe im Internet, chatte, lese, höre Musik … Mein Zimmer ist aber auch ein Treffpunkt für meine Freunde. Ich habe fast jeden Nachmittag Besuch. Aber das ist kein Problem, denn es ist genug Platz in meinem Zimmer. Mein Zimmer gefällt mir.

12 Wer sagt was? Hör zu, lies mit und kreuze an. > HÖREN ▶ 70

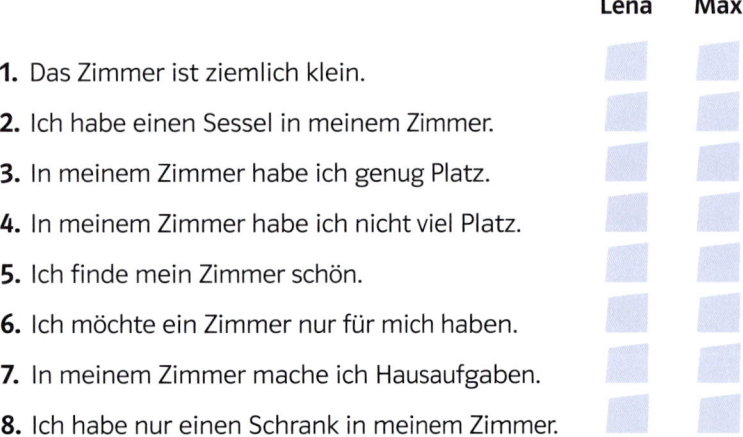

	Lena	Max
1. Das Zimmer ist ziemlich klein.		
2. Ich habe einen Sessel in meinem Zimmer.		
3. In meinem Zimmer habe ich genug Platz.		
4. In meinem Zimmer habe ich nicht viel Platz.		
5. Ich finde mein Zimmer schön.		
6. Ich möchte ein Zimmer nur für mich haben.		
7. In meinem Zimmer mache ich Hausaufgaben.		
8. Ich habe nur einen Schrank in meinem Zimmer.		

13 Was hast du in deinem Zimmer? Ergänze die Tabelle und erzähle. > SPRECHEN

In meinem Zimmer habe ich …

einen	eine	ein	zwei, drei

14 Erzähle über dein Zimmer. > SPRECHEN

Bist du gern in deinem Zimmer?

Hast du ein Zimmer nur für dich?

Wie ist dein Zimmer?

Was hast du dort?

Teilst du dein Zimmer mit deinem Bruder / deiner Schwester?

Was machst du dort?

Wie sind die Möbel?

AB-Übungen
19–24

Phonetik

1 Lang oder kurz? Hör die Namenpaare. > HÖREN ▶ 71

lang	kurz	lang	kurz
Frau M**a**hler	Frau M**a**ller	Frau M**e**hler	Frau M**e**ller
Frau M**ü**hler	Frau M**ü**ller	Frau M**ie**ler	Frau M**i**ller
Frau M**o**hler	Frau M**o**ller	Frau M**u**hler	Frau M**u**ller

2 Hör zu und kreuze an: Name 1, 2 oder 3? > HÖREN ▶ 72

Du hörst immer drei Namen. Zwei Namen sind gleich, einer ist anders. Welcher?

	a.	b.	c.	d.	e.	f.
Name 1	☐	☐	☐	☐	☐	☐
Name 2	☐	☐	☐	☐	☐	☐
Name 3	☐	☐	☐	☐	☐	☐

3 Sprich die Wortpaare aus **1** laut aus.

Das Verb *gefallen* im Präsens

- Wie **gefällt** dir meine Wohnung?
- Sie **gefällt** mir sehr gut!

- Wie **gefällt** dir mein Haus?
- Es ist sehr schön.

- Wie **gefallen** dir meine Stühle?
- Sie **gefallen** mir nicht so gut.

- Wie **gefallen** dir meine Möbel?
- Sie sind sehr praktisch.

Deine Beispiele

- Wie _____ dir meine Lampe?
- Sie _____ mir sehr gut.
  Sie _____ modern.

- Wie _____ dir meine Sessel?
- Sie _____ mir nicht.
  Sie _____ unbequem.

Das Verb *finden* im Präsens

	finden
ich	find-**e**
du	find-**e**-**st**
er, sie, es	find-**e**-**t**
wir	find-**e**-**n**
ihr	find-**e**-**t**
sie, Sie	find-**e**-**n**

arbeiten

	arbeiten
ich	
du	
er, sie, es	
wir	
ihr	
sie, Sie	

Aussagesatz

I	II	III	IV
Dein Haus	gefällt	mir	sehr.
Mir	gefällt	dein Haus	sehr.
Ich	finde	dein Haus	schön.
Dein Haus	finde	ich	schön.

Dein Fernseher	
Mir	
Wir	
Dein Laptop	

Die Form *es gibt*

Was gibt es in der Gegend?

Es gibt **einen** Park.
Es gibt **eine** Pizzeria.
Es gibt **ein** Kino.

Was gibt es in deiner Gegend?

Es gibt **einen** _____
Es gibt **eine** _____
Es gibt **ein** _____

Personalpronomen (Nominativ, Akkusativ)

	Singular			Plural
Nominativ	er	sie	es	sie
Akkusativ	ihn	sie	es	sie

- **Der** Tisch ist super.
- Ja, **er** ist sehr originell. Und wie findest du **ihn?**

- **Die** Kommode ist bequem.
- Ja, **sie** ist sehr bequem. Und wie findest du **sie**?

- **Das** Sofa ist modern.
- Ja, **es** ist modern. Und wie findest du **es**?

- **Die** Stühle sind modern.
- Ja, **sie** sind modern. Und wie findest du **sie**?

- Wie findest du **den** Tisch?
- Ich finde **ihn** praktisch.

- Wie findest du **die** Kommode?
- Ich finde **sie** bequem.

- Wie findest du **das** Sofa?
- Ich finde **es** altmodisch.

- Wie findest du **die** Stühle?
- Ich finde **sie** modern.

Plural

-e	der Tisch	▶ die Tisch**e**
	der Teppich	▶ die Teppich**e**
-(e)n	die Stehlampe	▶ die Stehlampe**n**
	die Mikrowelle	▶ die Mikrowelle**n**
¨e	der Stuhl	▶ die St**ü**hl**e**
	der Schrank	▶ die Schr**ä**nk**e**
-s	das Sofa	▶ die Sofa**s**
	das Handy	▶ die Handy**s**
¨er	das Bad	▶ die B**ä**d**er**
	das Haus	▶ die H**ä**us**er**

Deine Beispiele

Der Hund ist sehr intelligent.

Ja,

Die Zeitung ist langweilig!

Ja,

Das Poster ist sehr originell.

Ja,

Die Bücher sind sehr interessant.

Ja,

Wie findest du **den** ?

Ich finde

Wie findest du **die** ?

Ich finde

Wie findest du **das** ?

Ich finde

Wie findest du **die** ?

Ich finde

Ich habe zwei (Regal)

Wir haben zwei (Mikrowelle)

In meinem Zimmer gibt es vier (Stuhl)

In meinem Zimmer hängen zwei (Poster)

Markus hat sehr viele (CD)

Hier gibt es sehr viele (Buch)

Wichtige Wörter

das Bad, ⁻er

der Balkon, -e
Die Wohnung hat einen Balkon.

der Flur, -e

der Garten, ⁻

die Gegend, -en
Die Gegend ist sehr schön.

das Haus, ⁻er

die Küche, -n

liegen
Unsere Wohnung liegt im Zentrum.

der Nachbar, -n
Die Nachbarn sind nett.

der Stock, Stockwerke
Die Wohnung liegt im dritten Stock.

die Terrasse, -n

die Toilette, -n

das Zimmer, -
Wie viele Zimmer hat dein Haus?

altmodisch

(un)bequem
Das Sofa ist sehr bequem.

fantastisch

gemütlich

groß
Wie groß ist deine Wohnung?

hell

originell

(un)praktisch

schick

schön

sympathisch

toll
Die Lampe ist wirklich toll.

voll
Mein Kleiderschrank ist immer so voll!

finden
Ich finde die Wohnung schön.

gefallen
Wie gefällt dir unser Haus?
Wie gefallen dir die Stühle?

der Besuch, -e
Ich habe jeden Nachmittag Besuch.

chatten
Mein Bruder will chatten.

(ich) möchte
Ich möchte ein Zimmer für mich haben.

das Problem, -e
Das ist kein Problem!

sich streiten
Wir streiten uns oft.

teilen
Ich teile das Zimmer mit meinem Bruder.

treffen
Ich treffe meine Freunde auf Facebook.

der Treffpunkt, -e
Mein Zimmer ist auch ein Treffpunkt für meine Freunde.

wollen (ich will)
Ich will Musik hören.

(her)reinkommen
Komm rein!

für
Ich möchte ein Zimmer für mich haben.

direkt
Die Wohnung liegt direkt im Zentrum.

eigen
Ich habe mein eigenes Zimmer.

genug
Es gibt genug Platz in meinem Zimmer.

gern
Ich bin gern in meinem Zimmer.

jeder, jede, jedes
jeden Tag / Nachmittag / Abend

Landeskunde

1 Lies den Text und zeig auf den Fotos, wo was ist.

Fenster müssen tanzen

In Wien steht ein Haus, das nicht normal ist. Es ist ganz anders, als Häuser normalerweise sind. Viele Touristen gehen zu diesem Haus und fotografieren es. Der Architekt und Maler Friedensreich Hundertwasser hatte nämlich eine fantastische Idee: ein buntes, chaotisches und rundes Haus. Sein individueller Stil und seine Fantasie sind einzigartig. So ist kein Fenster wie ein anderes Fenster. Hundertwassers Motto: Fenster müssen tanzen. Auf dem Dach ist sogar ein grüner Park. Unglaublich, oder? Aber nicht nur in Wien gibt es ein Hundertwasserhaus. Auch in Darmstadt, Bad Soden, Magdeburg, Essen oder Uelzen in Deutschland, im Schweizer Altenrhein und im österreichischen Bärnbach stehen die wilden Häuser des Architekten. Und überall lieben die Menschen sie. Wie findet ihr Hundertwassers Häuser?

1. Da ist das Haus bunt.
2. Da ist das Haus rund.
3. Da ist das Haus chaotisch.
4. Das ist ein Fenster. Es tanzt. ☺
5. Das ist der Park auf dem Dach.

Projektecke **Hundert bunte Häuser**

Sucht im Internet nach Hundertwasserhäusern und macht eine Fotoausstellung. Welches Haus gefällt euch am meisten? Macht in der Klasse eine Rangliste. Dann zeichnet euer Traumhaus, beschreibt es und präsentiert vor der Klasse.

1 Wer? Lies die Aussagen von Kunden und ordne zu. > LESEN

HostelBooking

83 % 👍 **673** von **808** HostelBooking-Kunden empfehlen das **Hostel Mozart** in Wien

Lage 97 %	Preis / Leistung 79 %
Personal 91 %	Internet 72 %
Atmosphäre 89 %	Sicherheit 68 %
Extras 84 %	Sauberkeit 54 %

A Kundenbewertung 1
vom 07.04.2014: Hostelfreak
Das war gut: Die Lage ist perfekt. Man ist sofort im historischen Zentrum von Wien.
Das war nicht so gut: Leider war das Hostel nicht sauber! Und jemand hat mein Smartphone gestohlen!

B Kundenbewertung 2
vom 28.05.2015: Kosmopolit_02
Das war gut: Das Personal vom Hostel ist super, super nett! Die Partys in der Kellerbar sind auch super.
Das war nicht so gut: Ich finde das Hostel Mozart ein bisschen teuer. Und sauber ist es in den Zimmern und im Bad leider auch nicht.

C Kundenbewertung 3
vom 08.01.2016: Weltreisender_95
Das war gut: Das beste Hostel der Welt!
Das war nicht so gut: Nichts. :-)

D Kundenbewertung 4
vom 24.02.2016: Ich_reise_gerne
Das war gut: Die zentrale Lage.
Das war nicht so gut: Im Hostel Mozart ist es den ganzen Tag sehr laut. Die Bade- und Schlafzimmer sind nicht sauber. Eine Katastrophe: Das Internet funktioniert nicht oder ist nicht stabil.

1. [ ] findet alles perfekt.

2. [ ] findet den Preis zu hoch.

3. [ ] ist mit dem Personal zufrieden.

4. [ ] findet die Lage des Hostels sehr gut.

5. [ ] findet die Internetverbindung nicht gut.

2 Richtig (R) oder falsch (F)? Hör zu und kreuze an. > HÖREN ▶ 73

	R	F
1. Thomas Kleinschmidt arbeitet in Wiesbaden.		
2. Die Klassenfahrt ist im Sommer.		
3. Der Lehrer reserviert 29 Plätze.		
4. Es gibt keine Einzelzimmer.		

3 Eine neue Wohnung. Schreib eine E-Mail an Julia. > SCHREIBEN

A. Seit wann wohnst du in der neuen Wohnung? (seit einem Tag / einem Monat / seit einer Woche …)
B. Wo ist die Wohnung? (am Stadtrand / im dritten Stock …)
C. Wie groß ist die neue Wohnung? (80 m² groß / 4 Zimmer …)
D. Einladung in die neue Wohnung (vorbeikommen / Zimmer zeigen …)

Liebe Julia,

meine Familie hat eine neue Wohnung! Weißt du schon davon?

A. Wir wohnen

B.

C.

D. Mein Vorschlag: Komm vorbei! Ich

Bis bald!

4 Lies den Text und beantworte die Frage. > SPRECHEN

Unser neues Haus ist wunderschön! Wir wohnen jetzt nicht mehr im Zentrum. Dafür ist aber alles grün und wir haben einen großen Garten. Super, oder? Unser neues Haus ist auch sehr groß, 220 m². Im Erdgeschoss sind Wohnzimmer, Küche, das Arbeitszimmer von meinem Vater und daneben ein Bad. Im ersten Stock sind die Schlafzimmer und noch zwei Bäder. Willst du mein Zimmer sehen? Hier ist es. Wie findest du es?

Ich finde das Zimmer schön / fantastisch / nicht so toll …
Es ist groß / hell / praktisch / gemütlich / chaotisch / klein / …
Im Zimmer steht / ist / liegt ein / eine …
Im Zimmer sind viele …
Leider gibt es im Zimmer keinen / keine / kein …

Lektion 8 — WO DENN?

A Wo ist mein Handy?

Hallo, Mutti! Hier Fabian. Ich bin gerade in der Stadt und habe mein Handy zu Hause vergessen. Ich weiß nicht, wo es ist. Vielleicht liegt es **im** Wohnzimmer, auf **dem** Esstisch?

Nein, auf **dem** Esstisch ist es nicht.

Auf **der** Kommode? Mal sehen … Nein, da ist es auch nicht.

Dann liegt es auf **der** Kommode?

Wo ist es denn? Vielleicht liegt es unter **dem** Sofa?

Nein, Fabian, unter **dem** Sofa ist es nicht.

1 Hör das Telefongespräch und ordne die Sätze. > HÖREN ▶ 74

2 Ich frage, du antwortest … Bildet Dialoge. > SPRECHEN

- Wo ist das Handy von Fabian? Auf **der** Kommode?
- Nein, auf **der** Kommode ist es nicht. Es ist unter **dem** Sofa!

auf	dem	Teppich
unter	der	Küche
in	dem	Sofa
		Esstisch
		Terrasse
		Schafzimmer
		Stuhl
		Regal
		Kommode

Grammatik

Nominativ		Dativ
der Tisch	▶	**dem** Tisch
die Kommode	▶	**der** Kommode
das Sofa	▶	**dem** Sofa

3 Was passt zusammen? Ordne zu. > WORTSCHATZ

essen   frühstücken   fernsehen   lesen   schlafen   duschen

sich sonnen   kochen   Hausaufgaben machen   sich waschen   Hände waschen

1. **das** Bad   **3.** **das** Wohnzimmer   **5.** **der** Balkon   **7.** **die** Toilette
2. **die** Küche   **4.** **das** Schlafzimmer   **6.** **das** Arbeitszimmer **8.** **die** Terrasse

4 Was kann man wo machen? Bilde Sätze. > WORTSCHATZ

In
Auf

dem
der
dem

Küche
Bad
Wohnzimmer
Terrasse
Schlafzimmer
Arbeitszimmer
Balkon
Toilette

kann man

lesen.
schlafen.
kochen.
essen.
duschen.
fernsehen.
frühstücken.
sich sonnen.
Hausaufgaben machen.
Hände waschen.
sich waschen.

In dem (Im) Wohnzimmer kann man fernsehen.

Grammatik

Wo? ▸ in / auf / unter ▸ Dativ

der Balkon   ▸ auf **dem** Balkon
die Kommode   ▸ unter **der** Kommode
das Bad   ▸ in **dem** Bad

Merk es dir: in + dem ▸ im

5 Ich frage, du antwortest ... > SPRECHEN

- Wo kann man frühstücken?
- In **der** Küche kann man frühstücken, klar!

- Kann man auf **dem** Balkon frühstücken?
- Natürlich kann man auf **dem** Balkon frühstücken.

6 Antworte. > SPRECHEN

Wo isst du zu Mittag?

Wo frühstückst du?

Wo machst du Hausaufgaben?

Wo wäschst du dich?

Wo siehst du fern?

Wo surfst du im Internet?

Wo sonnst du dich?

Wo liest du Bücher?

Wo duschst du?

Wo telefonierst du?

AB-Übungen
1–12

> **Grammatik**
>
> **ich** wasche **mich**
> **du** wäschst **dich**
>
> **ich** sonne **mich**
> **du** sonnst **dich**

B Wo gibt es hier einen Supermarkt?

Gibt es hier **einen** Supermarkt?

Wo gibt es hier **eine** Post?

Wo gibt es hier **ein** Restaurant?

Also …

7 Was gibt es in Altburg? Bildet Dialoge. > SPRECHEN

- Gibt es **einen** Supermarkt in Altburg?
- Natürlich gibt es **einen** Supermarkt in Altburg.

die Apotheke · die Toilette · die Bäckerei · das Kino
die Post · der Supermarkt · das Kaufhaus · das Tourismusbüro
das Restaurant · der Spielplatz · die Eisdiele

> **Grammatik**
>
> *es gibt* ▶ Akkusativ
>
> Es gibt **einen** Park.
> Es gibt **eine** Apotheke.
> Es gibt **ein** Theater.

8 Wo liegt was? Ordne zu. > WORTSCHATZ

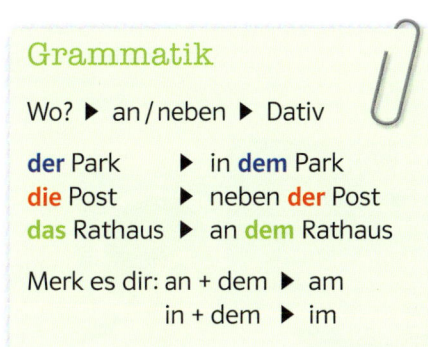

Grammatik

Wo? ▶ an / neben ▶ Dativ

der Park   ▶ in **dem** Park
die Post   ▶ neben **der** Post
das Rathaus ▶ an **dem** Rathaus

Merk es dir: an + dem ▶ am
                     in + dem ▶ im

1.	Wo ist der Supermarkt?	**a.** Er ist im Park.
2.	Wo ist das Parkhaus?	**b.** Sie ist im Moritzweg.
3.	Wo ist das Hotel?	**c.** Er ist in der Bahnhofstraße.
4.	Wo ist der Spielplatz?	**d.** Sie ist in der Schillerstraße, neben der Post.
5.	Wo ist das Tourismusbüro?	**e.** Es ist am Bahnhofplatz, neben dem Theater.
6.	Wo ist die Sprachschule?	**f.** Sie ist in der Goethestraße.
7.	Wo ist die Apotheke?	**g.** Es ist in der Wagnerstraße, neben der Bäckerei.
8.	Wo ist die Bank?	**h.** Es ist am Rathausplatz, neben dem Café.

9 Zur Kontrolle: Hör zu und sprich nach. > HÖREN ▶ 75

10 Bilde Minidialoge. Benutze dabei den Stadtplan aus 8. > SPRECHEN

- Gibt es hier eine Post?
- Natürlich gibt es hier eine Post.
- Und wo?
- In der Schillerstraße, neben der Bank.

AB-Übungen
13–23

C Wo trefft ihr euch?

Annika, 15

Ich wohne in Landshut. Das liegt in Bayern, in Süddeutschland.
Hier gibt es ein „Haus der Jugend". Es liegt in der Altstadt und ist
ein beliebter Treffpunkt für Jugendliche. Dort treffe ich meine Freunde.
Jeden Monat gibt es ein attraktives Freizeitprogramm: Man kann einen
Musik- oder Tanzkurs besuchen oder Sport treiben (es gibt einen Fußballplatz
und eine kleine Turnhalle). Man organisiert auch Workshops.
Junge Musiker machen zusammen Musik. Es gibt natürlich ein Café: Hier trifft
man sich mit anderen Leuten, man spielt Billard oder Kicker. Oder man
sitzt einfach auf dem Sofa, plaudert miteinander und hört Musik.
Einmal die Woche, und zwar samstags, kann man mit anderen Jugendlichen
kochen und gemeinsam essen.

Daniel, 16

Ich wohne in Sassen, einem kleinen Dorf in Norddeutschland.
Ja, ich wohne auf dem Land. Hier gibt es nichts, keine Freizeiträume für
Jugendliche. Wir, d. h. meine Freunde und ich, treffen uns auf dem Platz vor dem
Supermarkt und dort fahren wir Skateboard. Problematisch ist es bei
schlechtem Wetter, vor allem, wenn es regnet. Dann bleiben wir zu Hause oder
wir treffen uns bei Michael. Er wohnt nämlich in einem großen Haus und dort
ist viel Platz. Manchmal fahren wir mit dem Bus in die nächste Stadt.
Dort gibt es ein modernes Einkaufszentrum und so können wir shoppen, Eis essen …
Ich finde es blöd, dass es in Sassen keine Freizeiträume für Jugendliche gibt.
Für die Kleinkinder gibt es Spielplätze (zwei sogar!), aber für uns nichts!
Was wir brauchen, ist ein Raum, wo man zusammensitzen und reden kann.

11 Wer sagt was? Lies die Texte und kreuze an. > LESEN

	Annika	Daniel
1. In meiner Stadt gibt es ein Jugendzentrum.	☐	☐
2. Ich treffe meine Freunde im „Haus der Jugend".	☐	☐
3. Ich treffe meine Freunde vor dem Supermarkt.	☐	☐
4. In meiner Stadt gibt es keine Freizeiträume für Jugendliche.	☐	☐
5. Wir fahren mit dem Bus in die nächste Stadt. Dort gibt es ein Einkaufszentrum.	☐	☐
6. Im „Haus der Jugend" spielt man Billard oder Kicker.	☐	☐
7. Bei schlechtem Wetter treffen wir uns bei einem Freund.	☐	☐
8. In meiner Stadt gibt es zwei Spielplätze für Kleinkinder.	☐	☐

12 Lies den Text von Annika noch einmal und kreuze an. > LESEN

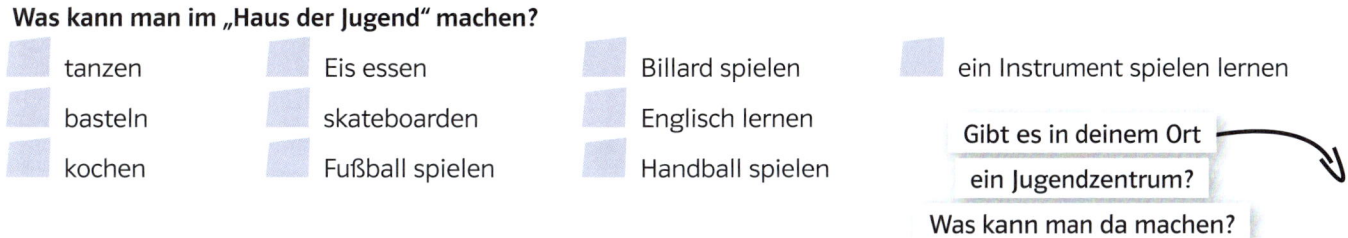

Was kann man im „Haus der Jugend" machen?

☐ tanzen   ☐ Eis essen   ☐ Billard spielen   ☐ ein Instrument spielen lernen

☐ basteln   ☐ skateboarden   ☐ Englisch lernen

☐ kochen   ☐ Fußball spielen   ☐ Handball spielen

> Gibt es in deinem Ort ein Jugendzentrum? Was kann man da machen?

13 Wo triffst du deine Freunde? Bilde Sätze. > WORTSCHATZ

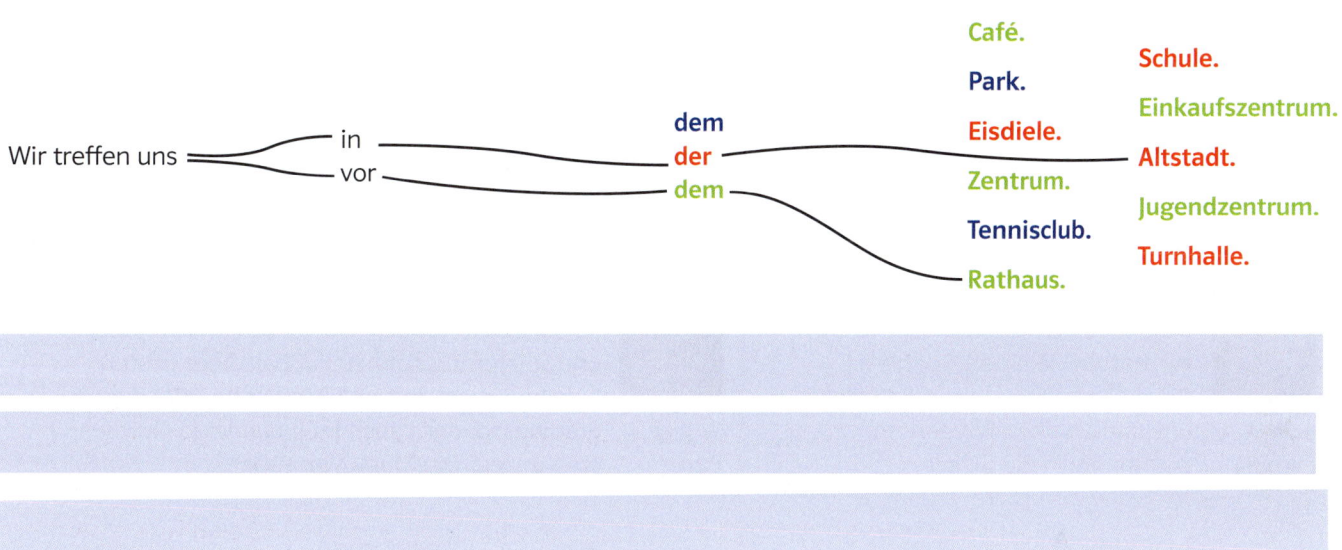

Wir treffen uns — in / vor — dem / der / dem — Café. / Park. / Eisdiele. / Zentrum. / Tennisclub. / Rathaus. / Schule. / Einkaufszentrum. / Altstadt. / Jugendzentrum. / Turnhalle.

14 Ich frage, du antwortest … Bildet Dialoge. > SPRECHEN

● Wo treffen sich heute Max und Alicia? Weißt du das?
● Ja, ich weiß. Sie treffen sich vor dem Dom.

Dom   **Museum**   **Café**   **Eisdiele**   **Restaurant**

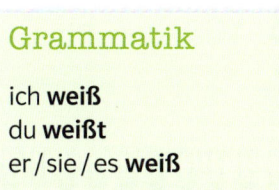

Grammatik

ich **weiß**
du **weißt**
er / sie / es **weiß**

15 Ich frage, du antwortest … Bildet Dialoge. > SPRECHEN

● Wo treffen wir uns heute Nachmittag? Treffen wir uns in der Altstadt?
● Gut, in der Altstadt. / Nein, lieber im Park.

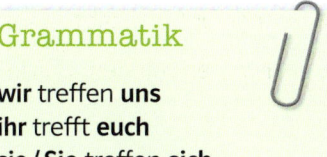

Grammatik

wir treffen **uns**
ihr trefft **euch**
sie / Sie treffen **sich**

16 Termine. Hör zu und ergänze die Tabelle. > HÖREN ▶ 76

	Gespräch 1	Gespräch 2	Gespräch 3
Treffpunkt?			
Wo liegt das?			
Um wie viel Uhr?			

17 Wo warst du gestern? Lies die Texte und bilde Sätze. > LESEN

Ich war gestern mit Sophie im Kino „Atlantic". Der Film war sehr lustig! Wir hatten viel Spaß. Sophie ist meine beste Freundin. Wir treffen uns täglich, denn wir gehen zusammen in die Schule.

★★★☆
Claudia

Hi! Ich treffe mich mit meinen Freunden Max und Jens jeden Mittwoch. Wir treffen uns im Stadion und spielen zusammen Fußball. Aber gestern hatten wir viel Zeit und wir waren nicht nur im Stadion, sondern auch im Jugendclub. Dort war ein Konzert. Die Musik war super.

★★★☆
Ben

Claudia
Ben
Der Film
Die Musik
Im Jugendclub

war
hatte

sehr lustig.
super.
viel Spaß.
im Jugendclub.
ein Konzert.
im Kino.
gestern viel Zeit.

18 Lest den Plan von Michael und bildet Dialoge. > SPRECHEN

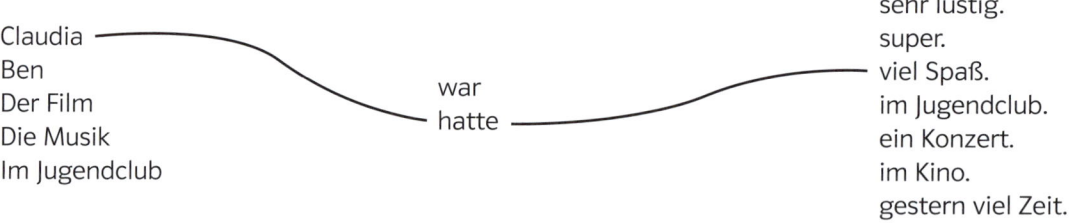

Montag Nachmittag	Dienstag Abend	Mittwoch Nachmittag	Donnerstag Vormittag	Freitag	Sonntag Nachmittag
Sprachschule	Kino	Jugendzentrum	Tennisclub	zu Hause	Stadion

● Wo war Michael Montag Nachmittag?
● Er war in der Sprachschule.

19 Was schreibt Michael im Forum? > SCHREIBEN

Sprachschule / Englischkurs • Kino / Thriller • Jugendzentrum / Konzert • Tennisclub / Training •
zu Hause / viele Hausaufgaben • Stadion / Fußballspiel

Hi, Leute! Diese Woche war sehr intensiv. Montag Nachmittag war ich

★★★☆
Michael

20 Kettenfragen. > SPRECHEN

AB-Übungen
24–28

Wo warst du gestern? ▶ Ich war im Kino. Und du? Wo warst du? ▶ Ich war …

Phonetik

1 Hör die Wörter und achte auf die Betonung. Markiere immer die Silbe,
die am meisten betont ist. > HÖREN ▶ 77

a. die **Bü**cher   + das Re**gal** ▶ das **Bü**cherregal

b. die Blumen   + der Topf ▶ der Blumentopf

c. der Apfel   + der Saft ▶ der Apfelsaft

d. der Computer + der Tisch ▶ der Computertisch

> Apfelsaft – Wo ist die am meisten betonte Silbe? Im ersten Wort oder im zweiten Wort?

> Haue bei den betonten Silben fest auf den Tisch.

2 Sprich die Wortreihen aus **1** laut aus.

3 Sprich die Wörter laut aus. Dann vergleiche deine Aussprache mit
der Aufnahme. > HÖREN ▶ 78

das Wohnzimmer • der Schreibtisch • die Mikrowelle • die Stehlampe

4 Bilde selbst zusammengesetzte Wörter. Sprich die Wörter laut aus.

a. die Freizeit + der Raum ▶ [   ]   **c.** der Laptop + die Tasche ▶ [   ]

b. das Kino + der Sessel   ▶ [   ]   **d.** der Balkon + die Tür   ▶ [   ]

GRAMMATIK SCHNELL & KLAR

Präpositionen

an, in, auf, neben, unter, vor + Dativ

Wir sind **im** Tennisclub.
Wir sind **am** Rathausplatz.
Wir sind vor **der** Schule.
Wir sind neben **dem** Kino.

Mein Mathebuch ist auf **dem** Sessel.
Mein Mathebuch ist in **der** Kommode.
Mein Mathebuch ist unter **dem** Bett.

Deine Beispiele

Wo treffen sich Jugendliche?

(vor / Eisdiele)

(in / Musikclub)

(neben / Café)

(in / Zentrum)

Wo liegt der Laptop?

(der Schreibtisch)

(das Bett)

(der Schrank)

Das Pronomen *man*

Was macht **man** im Jugendzentrum?

Man macht zusammen Musik.
Man spielt Billard oder Kicker.
Man sitzt auf dem Sofa.
Man plaudert miteinander.

Was macht man zu Hause?

Aussagesatz

I	II	III	IV
Man	kann	hier	Billard spielen.
Hier	kann	**man**	Billard spielen.
Man	macht	hier	Musik.
Hier	macht	**man**	Musik.

Was kann man im Jugendclub machen?

Hier

Hier

Man

sich-Verben

	sich treffen
ich	treffe **mich**
du	tri**ff**st **dich**
er, sie, es	tri**fft** **sich**
wir	treffen **uns**
ihr	trefft **euch**
sie, Sie	treffen **sich**

sich sonnen

ich

du

er, sie, es

wir

ihr

sie, Sie

Die Form *es gibt*

Wo gibt es hier **einen** Supermarkt?
Wo gibt es hier **eine** Post?
Wo gibt es hier **ein** Restaurant?
Wo gibt es hier **viele** Geschäfte?

Gibt es hier **keinen** Musikclub?
Gibt es hier **keine** Bibliothek?
Gibt es hier **kein** Kino?
Gibt es hier **keine** Theater?

Deine Beispiele

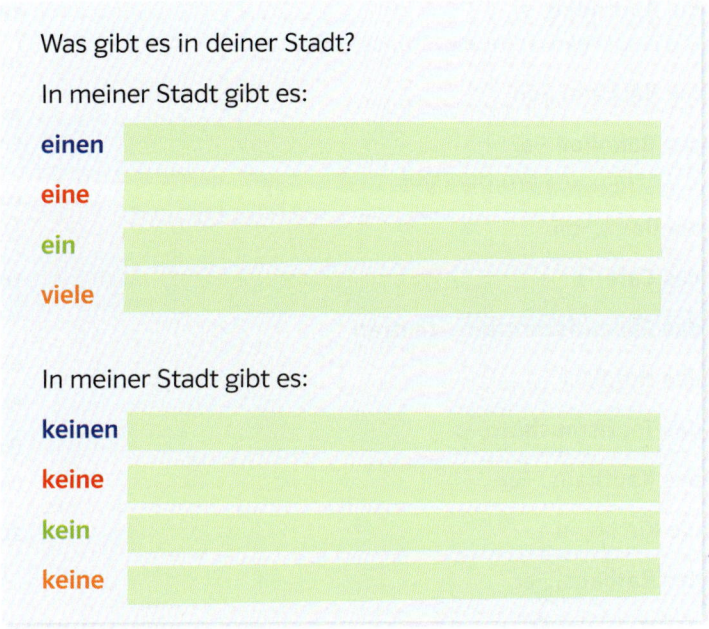

Was gibt es in deiner Stadt?

In meiner Stadt gibt es:

einen

eine

ein

viele

In meiner Stadt gibt es:

keinen

keine

kein

keine

Das Verb *wissen*

	wissen
ich	**weiß**
du	**weißt**
er, sie, es	**weiß**

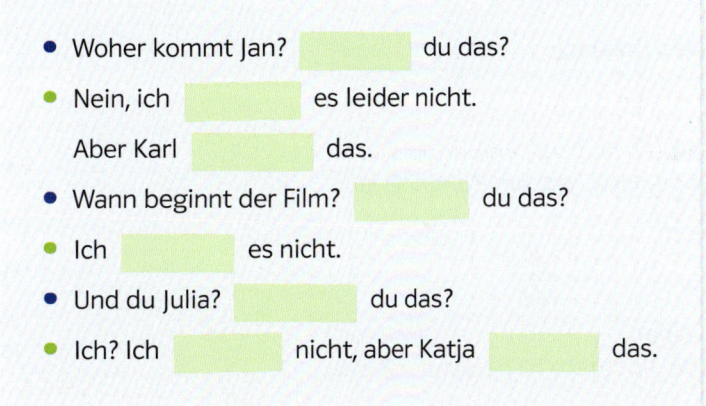

- Woher kommt Jan?   du das?
- Nein, ich   es leider nicht.
  Aber Karl   das.
- Wann beginnt der Film?   du das?
- Ich   es nicht.
- Und du Julia?   du das?
- Ich? Ich   nicht, aber Katja   das.

Präteritum: *sein* und *haben*

	sein	haben
ich	**war**	**hatte**
du	**warst**	**hattest**
er, sie, es	**war**	**hatte**
wir	**waren**	**hatten**
ihr	**wart**	**hattet**
sie, Sie	**waren**	**hatten**

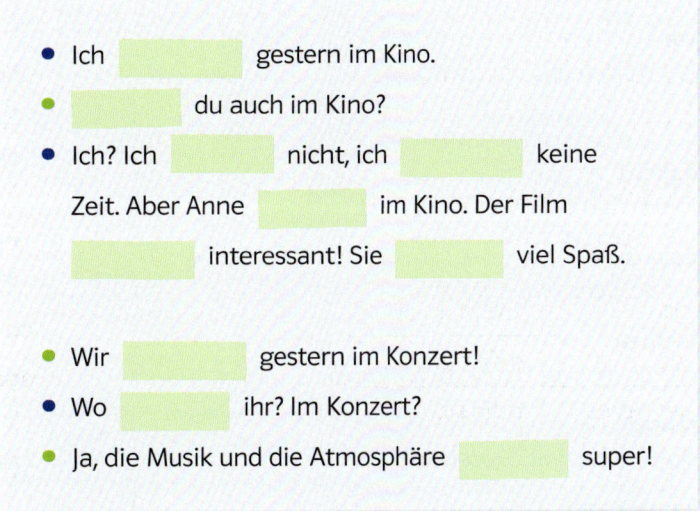

- Ich   gestern im Kino.
-            du auch im Kino?
- Ich? Ich   nicht, ich   keine
  Zeit. Aber Anne   im Kino. Der Film
             interessant! Sie   viel Spaß.

- Wir   gestern im Konzert!
- Wo   ihr? Im Konzert?
- Ja, die Musik und die Atmosphäre   super!

Wichtige Wörter

die Altstadt

die Apotheke, -n
Die Apotheke ist in der Hauptstraße.

die Bäckerei, -en

der Bahnhof, ⸚e
Wir sehen uns am Bahnhof.

die Bank, -en

das Café, -s

das Einkaufszentrum, -zentren

das Hotel, -s

das Tourismusbüro, -s

das Kaufhaus, ⸚er

die Kirche, -n

das Rathaus, ⸚er

das Restaurant, -s

der Supermarkt ⸚e

das Theater, -

an
Das Hotel liegt am Bahnhofplatz.

auf

in

neben
Die Apotheke ist neben der Bank.

unter
Was liegt unter der Kommode?

vor
Wir treffen uns vor dem Dom.

beliebt
Das ist ein beliebter Treffpunkt.

besuchen
Ich besuche einen Tanzkurs.

bleiben
Wir bleiben zu Hause, bei Michael.

fahren
Dort fahren wir Skateboard.

gemeinsam
Samstags kann man gemeinsam essen.

die Jugendlichen (Plural)

tanzen

organisieren

plaudern
Man plaudert miteinander.

reden
Hier kann man reden.

treiben
Ich treibe jeden Tag Sport.

sich treffen
Wir treffen uns täglich bei Tina.

das Wetter (Singular)
bei gutem / schlechtem Wetter

zusammen|sitzen

duschen

fern|sehen
Wo siehst du fern?

frühstücken

kochen
Wir kochen gemeinsam.

schlafen

sich sonnen

sich waschen
Wo wäschst du dich?

blöd
Ich finde es blöd.

lieber
Ich gehe lieber in den Park.

vielleicht
Vielleicht liegt es unter dem Sofa?

manchmal
Manchmal spielen wir Billard oder Kicker.

das Dorf, ⸚er
Ich wohne in einem kleinen Dorf.

das Land
Ich wohne auf dem Land.

Landeskunde

1 Lies den Text und beantworte die Fragen.

Berlin, Berlin, Berlin

In Berlin kann man viel machen. Kein Wunder, die deutsche Hauptstadt hat ja 3,5 Millionen Einwohner. Am Brandenburger Tor stehen viele Touristen und machen Fotos. Vom Brandenburger Tor spazieren die meisten Besucher zum Reichstag. Auf dem Reichstag ist die berühmte Kuppel. Die kann man sogar besichtigen. Neben dem Reichstag ist das Bundeskanzleramt. Vor dem Reichstag und dem Bundeskanzleramt kann man auf der grünen Wiese liegen und sich sonnen. Danach gehen wir zur Museumsinsel. Da kann man in fünf Museen viele interessante Sachen sehen. Am Ende gehen wir zum Alexanderplatz. Hier steht die bekannte Weltzeituhr. Auf der Uhr kann man die Uhrzeit in 148 Städten auf der ganzen Welt lesen. Auf dem Alex, unter der Weltzeituhr, treffen sich die Berliner. Weißt du jetzt alles über Berlin?

1. Wo machen viele Touristen Fotos?
2. Wohin gehen Touristen vom Brandenburger Tor?
3. Wo ist die berühmte Kuppel?
4. Was ist neben dem Reichstag?

5. Wo kann man auf der grünen Wiese liegen?
6. Wie viele Museen gibt es auf der Museumsinsel?
7. Wo steht die bekannte Weltzeituhr?
8. Wo treffen sich die Berliner?

2 Sprecht über die drei Städte in Deutschland, Österreich und der Schweiz.

Stadt / Land	Basel / Schweiz	Salzburg / Österreich	München / Deutschland
Wichtigste Sehenswürdigkeit	Zoo	Altstadt mit Mozarts Geburtshaus	Englischer Garten mit Biergärten
Beliebtes Fest	Art Basel	Salzburger Festspiele	Oktoberfest
Spezialität	Käseküchlein	Mozartkugel	Weißwurst

Basel liegt in … • Salzburg hat … • In Basel kann man … besichtigen. • Die wichtigste Sehenswürdigkeit in München ist … • Ein beliebtes Fest in München ist … • In Salzburg kann man … essen.

Projektecke Feste und Spezialitäten

Arbeitet in Gruppen. Schaut im Internet nach und sammelt Informationen über Feste und Spezialitäten in Basel, Salzburg und München. Macht Infoplakate und präsentiert sie in der Klasse.

ZWISCHENSTOPP 8

1 Lies die Texte. Wer ist der Autor vom Text A, B und C? > LESEN

A
Wir treffen uns oft im Kellercafé. Das ist ein Lokal für Jugendliche im Keller der St.-Elisabeth-Kirche. Da stehen ein Billardtisch und ein Kicker. Es gibt aber auch viele Spiele, gute Musik und billige Getränke. Wenn wir Zeit haben, dann gehen wir immer ins Kellercafé.

B
Sucht ihr einen Ort, wo ihr euch treffen könnt? Einen Ort für Jugendliche, aber nicht für Kinder oder Erwachsene? Einen Ort zum Sporttreiben, Lernen, Reden und Feiern? Dann seid ihr bei uns richtig. Wir sind das Jugendzentrum Georg-Buch-Haus in Wiesbaden. Unser Jugendcafé, die Hausaufgabenhilfe, Computerkurse, Discos, das Internet-Café und noch viel mehr warten auf euch.

C
Bei uns gibt es leider keine Treffpunkte für Jugendliche. Das ist sehr, sehr schade. Findest du das auch? Dann lasst uns etwas zusammen machen. Wir könnten uns in der Sporthalle treffen. Da gibt es doch einen freien Raum. Im Sommer treffen wir uns einfach draußen. Jeder bringt Ideen und Sachen mit. Hast du Lust? Worauf wartest du noch?

1. Herr Müller (45)
Er schreibt über ein Jugendzentrum, wo er arbeitet.

2. Christine (14)
Sie möchte ein Jugendzentrum organisieren und sucht andere Jugendliche.

3. Lukas (15)
Er schreibt einen Blog über Schule, Hobbys und sein Leben.

2 Lies die Anzeige und schreib eine E-Mail an die Redaktion. > SCHREIBEN

Umfrage zum Thema:
MEINE STADT

Wir möchten wissen:
Wie findest du deine Stadt?
Lebst du gern in deiner Stadt?
Möchtest du woanders leben? Warum?

Möchtest du mitmachen?
Dann schicke uns eine E-Mail
und erzähle uns davon! Vielen Dank!
Juz-Redaktion@com.de

Betreff

Hallo!
Ich habe die Anzeige in der Juz gelesen und möchte gern mitmachen.

A. Stell dich vor.
B. Schreib über deine Stadt (Name / Wo liegt sie? …)
C. Was gibt es dort?
D. Wohnst du gern in der Stadt? Warum?

3   Hör zu und markiere den Weg auf dem Stadtplan. > HÖREN ⏵ 79

Situation 1
Ein Mann möchte vom Bahnhof zum Rathaus gehen.

Situation 2
Ein Mann möchte vom Dom zur St. Anna-Kirche gehen.

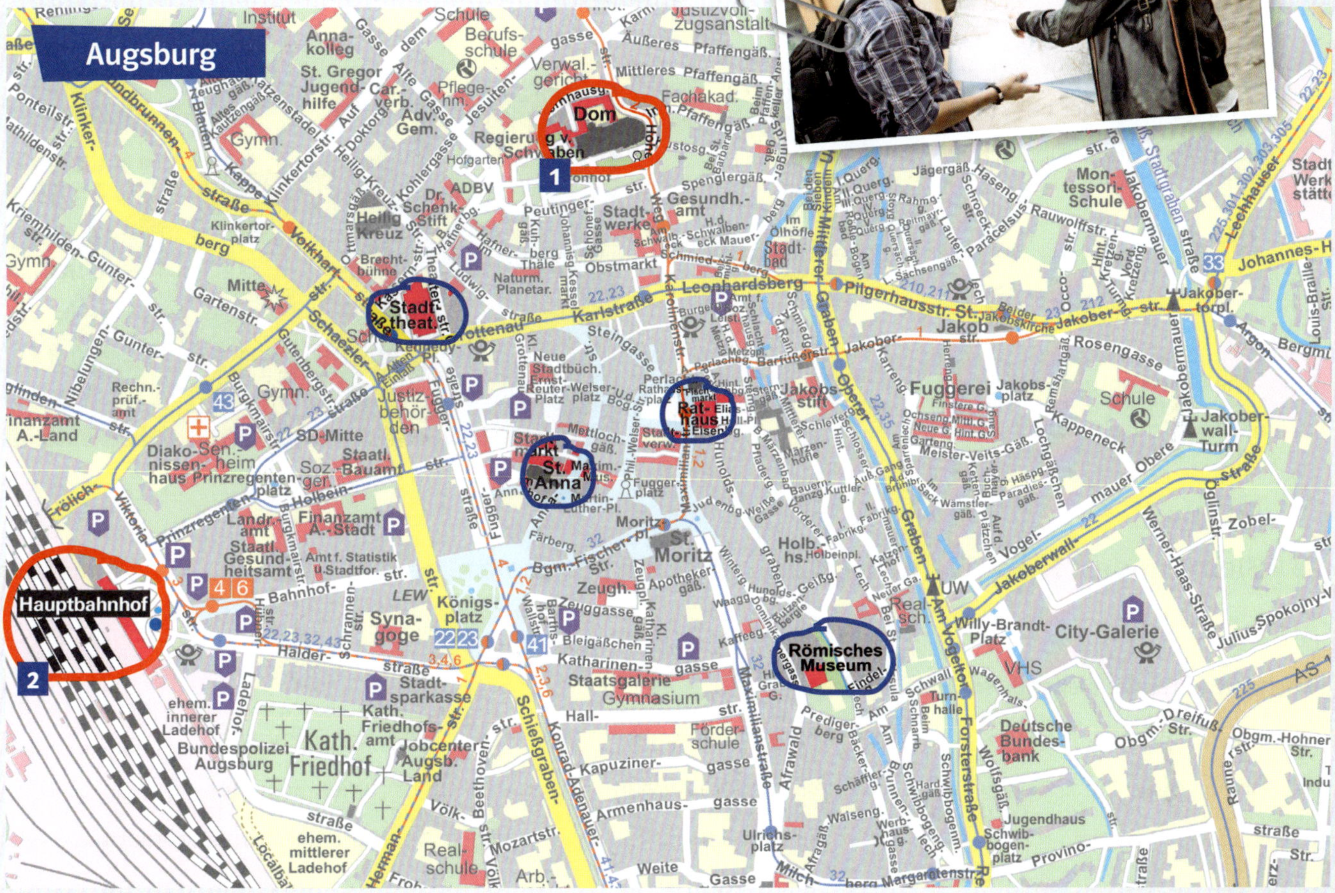

4   Erkläre den Weg. > SPRECHEN

- Entschuldigung, wie komme ich
  vom Bahnhof zum Stadttheater?
- Also, gehen Sie …

- Entschuldigung, wie komme ich
  vom Dom zum Römischen Museum?
- Gehen Sie …

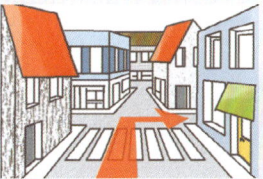

Gehen Sie nach rechts!

Gehen Sie nach links!

Gehen Sie über die Straße!

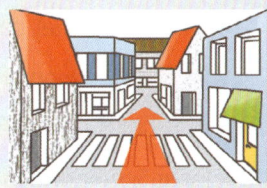

Gehen Sie geradeaus!

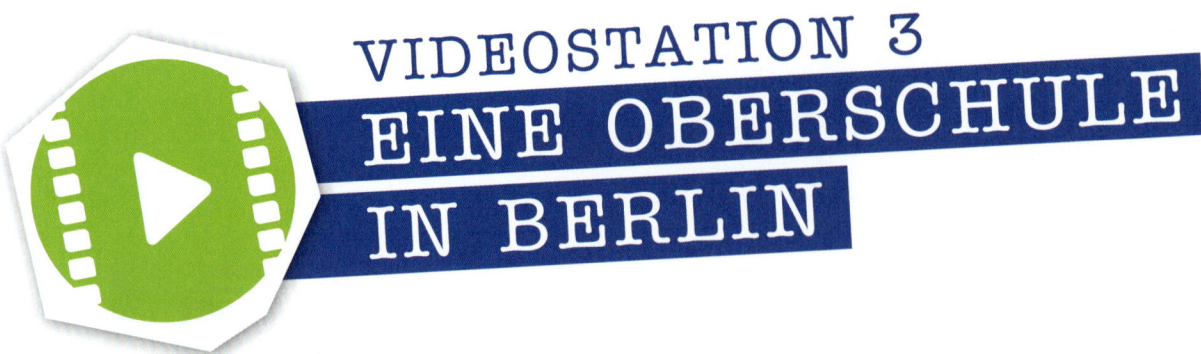

VIDEOSTATION 3
EINE OBERSCHULE IN BERLIN

1 Sieh dir den Film an und beantworte die Fragen. > FILM 3

Wie viele Schüler besuchen die Martin-Buber-Oberschule?

Wo liegt die Martin-Buber-Oberschule?

Wie viele Lehrer arbeiten an der Martin-Buber-Oberschule?

2 Sieh dir den Film das zweite Mal an und kreuze an. > FILM 3

Welche Schulräume siehst du im Film?

☐ eine Cafeteria ☐ ein Lehrerzimmer ☐ eine Turnhalle

☐ eine Mensa ☐ einen Biologieraum ☐ einen Schulhof

☐ ein Sekretariat ☐ eine Bibliothek ☐ einen Multimedianraum

3 Sieh dir den Film noch einmal an und bringe die Sätze in die richtige Reihenfolge. > FILM 3

☐ Lea und Hanna gehen ins Sekretariat.

☐ Morgens kommen die Schüler in die Martin-Buber-Oberschule.

☐ In der Cafeteria kaufen die Schüler etwas zum Essen und Trinken.

☐ Im Lehrerzimmer bereiten die Lehrer den Unterricht vor.

☐ Alle Schülerinnen und Schüler lernen Musik.

☐ Die Schüler der Klasse 10A haben in der ersten Stunde Deutsch.

☐ Einige Schülerinnen und Schüler kommen aus anderen Ländern.

4 Welcher Satz aus 3 passt zu welchem Foto? Ordne zu.

5 Wie geht der Satz weiter? Verbinde.

1. ☐ Die Schüler kommen …
2. ☐ Die Martin-Buber-Oberschule ist …
3. ☐ Die Lehrer korrigieren die Klassenarbeiten …
4. ☐ Einige Schülerinnen und Schüler haben …
5. ☐ In der Cafeteria kann man …
6. ☐ Einige Schüler spielen ein Instrument, …

a. im Lehrerzimmer.
b. belegte Brote kaufen.
c. andere singen mit.
d. mit dem Bus, dem Fahrrad oder zu Fuß.
e. eine andere Kultur und Religion.
f. eine Gesamtschule.

6 Recherchiere im Internet.

1. Was ist eine Gesamtschule? 🔍
2. Wer war Martin Buber?

ALLTÄGLICHES

A Was hast du am Mittwoch?

Eine Schule stellt sich vor: das Europa-Gymnasium

A.

Das ist das Europa-Gymnasium in München.
Es liegt in der Ehrwalder Straße. Unsere Schule hat
840 Schülerinnen und Schüler. Nach der 12. Klasse,
d. h. mit etwa 17, 18 Jahren, machen sie das Abitur.

B.

Hier treffen sich die Schülerinnen und Schüler
in der Pause. In der Schule gibt es Rauchverbot.
Auch hier auf dem Schulhof darf man nicht rauchen.

C.

Das ist der Biologieraum. Hier werden oft
Experimente gemacht. In Biologie und Chemie
lernen die Schülerinnen und Schüler die Umwelt
und die Natur kennen.

D.

Das ist die Klasse 9A. Der Unterricht ist jeden Tag von
Montag bis Freitag, von 7.50 Uhr bis 12.50 Uhr. Dienstags
und donnerstags bis 15.00 Uhr. Der Samstag ist schulfrei.

E.

Hier machen die Schülerinnen und Schüler Gymnastik,
spielen Volleyball, Basketball oder Handball. Bei
schönem Wetter ist die Sportstunde im Schulpark.
Die Turnhalle ist sehr beliebt.

F.

Die Mensa. Hier können die Schülerinnen und Schüler
essen. Zweimal in der Woche gibt es einen „Veggi-Day".
Dann kann man vegetarisch essen. Die Mensa ist von
11.30 Uhr bis 14.00 Uhr geöffnet.

1 Welches Bild passt zu welchem Text? Ordne zu. > LESEN

2 Lies den Text noch einmal und bilde Sätze. > LESEN

1. Das Europa-Gymnasium	machen	in der Schulmensa	in der Ehrwalder Straße.
2. Die SchülerInnen	liegt	Experimente	von 7.50 Uhr bis 12.50 Uhr.
3. In der Turnhalle	ist	in der Pause	Gymnastik.
4. Im Biologieraum	treffen sich	die SchülerInnen	gemacht.
5. Der Unterricht	werden	jeden Tag	auf dem Schulhof.
6. „Veggi-Day"	gibt es	in München	zweimal in der Woche.

Das Europa-Gymnasium liegt in München, in der Ehrwalder Straße.

3 In meiner Schule gibt es … Kreuze an und erzähle. > SPRECHEN

- (k)eine Turnhalle
- (k)ein Sprachlabor
- (k)einen Schulhof
- (k)eine Mensa
- (k)einen Biologieraum
- (k)einen Multimediaraum

- (k)einen Musikraum
- (k)eine Bibliothek
- (k)einen Computerraum
- (k)eine Schwimmhalle
- (k)eine Cafeteria
- (k)einen Getränkeautomaten

Was gibt es in deiner Schule?

Was gibt es nicht?

4 Stell deine Schule vor. > SPRECHEN

Wie heißt deine Schule?

Wo liegt deine Schule?

Was für eine Schule ist das?
(Gymnasium, technische Schule …)

Wann ist Unterricht?

Wie viele Schülerinnen und Schüler besuchen deine Schule?

Ist der Samstag schulfrei?

Was gibt es in deiner Schule (nicht)?

Magst du deine Schule?

5 Lies den Stundenplan von Julia und bilde Sätze. > LESEN

	Montag	Dienstag	Mittwoch	Donnerstag	Freitag	Samstag	Sonntag
7.50 – 8.35 8.35 – 9.20	Sozialkunde Physik	Sport Kunst	Deutsch Deutsch	Mathe Mathe	Englisch Deutsch		
10 Minuten Pause							
9.30 – 10.15 10.15 – 11.00	Geschichte Sport	Biologie Mathe	Mathe Religion	Sozialkunde Sport	Kunst Chemie	*schulfrei!*	*keine Schule!*
20 Minuten Pause							
11.20 – 12.05 12.05 – 12.50	Deutsch Englisch	Informatik Religion	Englisch Englisch	Geschichte Deutsch	Informatik Biologie		
Mittagspause							
13.30 – 14.15 14.15 – 15.00		Wahlfach* Wahlfach		Wahlfach Wahlfach			

*Wahlfach = Konversation-Englisch, Französisch / Italienisch, Chor, Erste Hilfe, Theater

1. ▮ Am Montag, um 8.35 Uhr, …

2. ▮ Die kleine Pause …

3. ▮ Am Donnerstag, von 9.30 Uhr bis 10.15 Uhr, …

4. ▮ Der Unterricht …

5. ▮ Die große Pause …

6. ▮ Am Dienstagnachmittag …

7. ▮ Um 12.50 Uhr …

a. dauert 20 Minuten.

b. lernt Julia Physik.

c. bleibt Julia bis 15.00 Uhr in der Schule.

d. beginnt um 9.20 Uhr.

e. geht Julia nach Hause oder in die Mensa.

f. beginnt um 7.50 Uhr.

g. hat Julia Sozialkunde.

6 Ich frage, du antwortest … Bildet Dialoge. > SPRECHEN

● Was hat Julia am Mittwoch?
● Am Mittwoch hat Julia zwei Stunden Deutsch, eine Stunde Mathe, eine Stunde Religion und zwei Stunden Englisch.

● Wann hat Julia Mathe?
● Am Dienstag, am Mittwoch und am Donnerstag.

● Was hat Julia am Montag, um 11.20 Uhr?
● Am Montag, um 11.20 Uhr, hat Julia Deutsch.

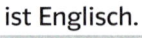

Mein Lieblingsfach ist Englisch.

7 Kettenfragen. > SPRECHEN

Was ist dein Lieblingsfach? ▶ Mein Lieblingsfach ist Deutsch. Was ist dein Lieblingsfach? ▶ Mein Lieblingsfach ist …

AB-Übungen
1–9

B Was gibt es zu essen?

1. Mutti, ich habe Hunger! Was gibt es zu essen?

2. Es gibt Fisch mit Kartoffeln.

3. Fisch mit Kartoffeln? Aber Mutti, ich mag keinen Fisch. Das weißt du doch!

4. Es gibt noch etwas Fleisch von gestern … Und es gibt noch Käse und Wurst.

5. Gut, dann esse ich Wurst. Kann ich einen Salat dazu haben?

6. Tut mir leid, Lena, wir haben keinen Salat mehr.

7. Weißt du was, Mutti? Morgen bleibe ich in der Schule und esse in der Mensa.

8 Was gibt es zu essen? Hör zu und kreuze an. > HÖREN ▶ 80

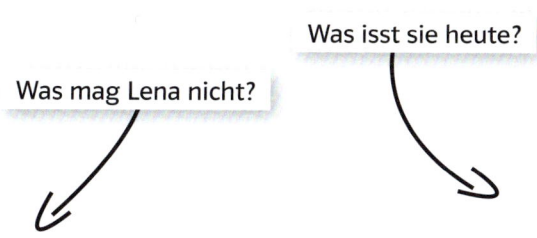

9 Antworte. > SPRECHEN

Was isst sie heute?

Was mag Lena nicht?

Grammatik

Negation mit *kein* (Akkusativ)

ich mag / ich esse

(keinen) Fisch
(keine) Wurst
(kein) Fleisch
(keine) Kartoffeln

10 Was magst du (nicht)? Markiere und erzähle. > SPRECHEN

:) **Das mag ich.**   :| **Das mag ich nicht so sehr.**   :(**Das mag ich gar nicht.**

das Schwarzbrot    das Brötchen    das Müsli    die Eier

der Reis    die Nudeln    die Kartoffeln 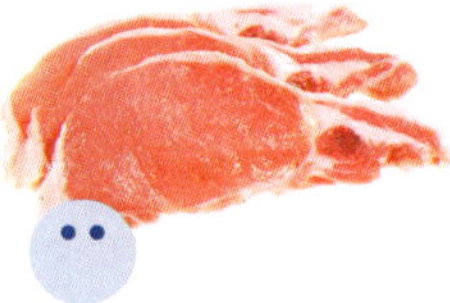   das Fleisch

das Gemüse    der Fisch    der Salat    das Obst

die Milch    der Kakao    der Tee    der Kaffee    der Saft    das Mineralwasser

11 Kettenfragen. > SPRECHEN

Was isst du gern? ▶ Ich esse gern Fleisch. Und du? Was isst du gern?
▶ Ich esse gern …

Was trinkst du gern? ▶ Ich trinke gern Kakao. Und du? Was trinkst du gern?
▶ Ich trinke gern …

Magst du Käse? ▶ Ja, Käse mag ich. / Nein, ich mag keinen Käse. Magst du …?
▶ …

Grammatik

**Negation mit *kein*
(Akkusativ)**

ich mag / trinke
(keinen) Kaffee
(keine) Cola
(kein) Wasser
(keine) Säfte

12 Was essen die Leute? Hör zu und kreuze an. > HÖREN ▶ 81

	Klaus Krüger (35) Informatiker			Eva Becker (25) Psychologin			Alex Hahn (15) Schüler		
1. Zum Frühstück esse ich **a.** Müsli oder Cornflakes **b.** eine Scheibe Schwarzbrot mit Honig **c.** ein Brötchen mit Butter und Marmelade	a.	b.	c.	a.	b.	c.	a.	b.	c.
2. Zum Frühstück trinke ich **a.** ein Glas Milch **b.** einen Kakao, manchmal Tee **c.** zwei Tassen Kaffee	a.	b.	c.	a.	b.	c.	a.	b.	c.
3. Zu Mittag esse ich **a.** ein paar Bratwürste oder einen Hamburger **b.** Fleisch, dazu Kartoffeln oder einen Salat **c.** einen gemischten Salat	a.	b.	c.	a.	b.	c.	a.	b.	c.
4. Zu Mittag trinke ich **a.** ein Glas Bier **b.** Cola **c.** ein Mineralwasser	a.	b.	c.	a.	b.	c.	a.	b.	c.
5. Zu Abend esse ich **a.** Nudeln **b.** Käse, Wurst, Tomaten **c.** eine Suppe	a.	b.	c.	a.	b.	c.	a.	b.	c.
6. Zu Abend trinke ich **a.** Wein **b.** Tee **c.** ein Mineralwasser	a.	b.	c.	a.	b.	c.	a.	b.	c.

13 Was isst / trinkst du? Notiere und erzähle. > SPRECHEN

Zum Frühstück esse / trinke ich	Zu Mittag esse / trinke ich	Zu Abend esse / trinke ich

14 Erzähle über dich und deine Partnerin / deinen Partner. > SPRECHEN

Interviewe deine Partnerin / deinen Partner. Was isst / trinkt sie / er? Was mag sie / er (nicht)?
Was mögt ihr beide?

AB-Übungen
10–22

C Wir gehen nach der Schule shoppen

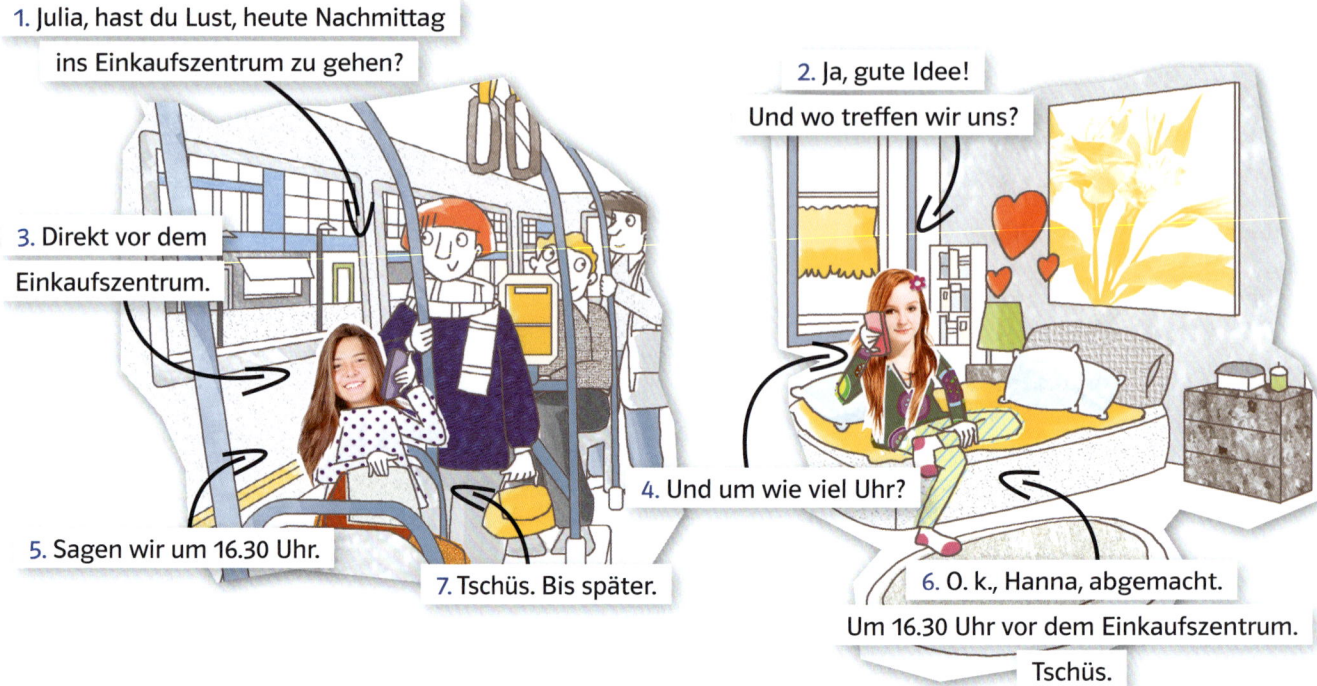

1. Julia, hast du Lust, heute Nachmittag ins Einkaufszentrum zu gehen?

2. Ja, gute Idee! Und wo treffen wir uns?

3. Direkt vor dem Einkaufszentrum.

4. Und um wie viel Uhr?

5. Sagen wir um 16.30 Uhr.

6. O. k., Hanna, abgemacht. Um 16.30 Uhr vor dem Einkaufszentrum. Tschüs.

7. Tschüs. Bis später.

15 Hör zu und beantworte die Fragen. > HÖREN ▶ 82

1. Wie reagiert Julia auf die Idee von Hanna? Was sagt sie?
2. Wo treffen sich Hanna und Julia? Im Einkaufszentrum?
3. Wann treffen sie sich? Um halb fünf?

16 Lies den Text und beantworte die Fragen. > LESEN

Das Olympia-Einkaufszentrum

Das Olympia-Einkaufszentrum ist eines der größten Einkaufszentren in Deutschland. Es liegt in München. Es hat 135 Geschäfte. Hier bekommt man (fast) alles. Das Center liegt direkt an der Autobahn. Das Parken ist kein Problem, denn das Olympia-Einkaufszentrum hat über 2400 Parkplätze. Natürlich kann man auch mit dem Bus oder mit der U-Bahn hinfahren.

Wir haben geöffnet:
Montag – Samstag: 9.30 – 20.00 Uhr
Sonntag: geschlossen

1. Wo liegt das Olympia-Einkaufszentrum?
2. Wie viele Geschäfte gibt es hier?
3. Wann ist das Olympia-Einkaufszentrum geöffnet?
4. Wie kann man zum Olympia-Einkaufszentrum kommen?

17 Kettenfragen. > SPRECHEN

Was gibt es im Olympia-Center?   Im Olympia-Center gibt es eine Boutique. ▶
Im Olympia-Center gibt es eine Boutique und einen Supermarkt. ▶
Im Olympia-Center gibt es eine Boutique, einen Supermarkt und …

der Supermarkt • das Modegeschäft • die Apotheke • die Buchhandlung • die Bäckerei • das Restaurant •
das Schuhgeschäft • die Pizzeria • das Fastfood-Restaurant • die Boutique • der Blumenladen •
das Schreibwarengeschäft • das Kaufhaus • der Coffeeshop • die Konditorei • die Eisdiele

18 Ich frage, du antwortest … Bildet Dialoge. > SPRECHEN

Hanna, wohin gehen wir jetzt?

Wir gehen zuerst ins Modegeschäft.

Im Modegeschäft kann man schöne Klamotten kaufen.

das Schuhgeschäft / Schuhe kaufen
die Boutique / Markenkleidung kaufen
die Eisdiele / Eis essen
das Schreibwarengeschäft / Büroartikel finden
die Buchhandlung / Bücher kaufen
die Apotheke / Medikamente kaufen
der Coffeeshop / Kaffee trinken

Grammatik

Wohin? ▶ in ▶ Akkusativ
in **den** Blumenladen
in **die** Konditorei
ins Geschäft

Wo? ▶ in ▶ Dativ
im Blumengeschäft
in **der** Konditorei
im Geschäft

AB-Übungen
23–33

Phonetik

1a Hör zu und achte auf die Aussprache des Wortanfangs. > HÖREN ▶ 83

a. Eis – heiß   **b.** aus – Haus   **c.** und – Hund   **d.** alle – Halle   **e.** Essen – Hessen

1b Du hörst eins der beiden Wörter. Markiere es. > HÖREN ▶ 84

2 Welche Aussage hörst du? Kreuze an. > HÖREN ▶ 85

a. Ich mag ☐ Anna ☐ Hanna.

c. Ich möchte ☐ mehr Reis ☐ mehr Eis.

b. Der Brief ist ☐ von Nina ☐ von Ina.

d. Ich fahre morgen ☐ nach Essen ☐ nach Hessen.

GRAMMATIK SCHNELL & KLAR

Verben im Präsens

	essen	mögen
ich	esse	mag
du	isst	magst
er, sie, es	isst	mag
wir	essen	mögen
ihr	esst	mögt
sie, Sie	essen	mögen

Infinitiv mit *zu*

- Hast du Lust, ins Kino **zu** gehen?
- Ja, ich habe Lust, ins Kino **zu** gehen.

- Maja und Pia, habt ihr Lust, Musik **zu** hören?
- Nein, wir haben keine Lust, Musik **zu** hören.

- Julia, hast du Lust, heute shoppen **zu** gehen?
- Ja, ich habe Lust, shoppen **zu** gehen.

Temporalangaben mit *um* und *am*

- **Wann** ist der Unterricht zu Ende?
- **Um** 14. 00 Uhr.

- **Wann** hast du Biologie?
- **Am** Montag und **am** Donnerstag.

- **Wann** gehst du schwimmen?
- **Am** Nachmittag.

Temporalangabe mit *bis*

- **Wie lange** bleibst du in der Schule?
- **Bis** 15.00 Uhr.

- **Wie lange** dauert der Matheunterricht?
- 45 Minuten, **bis** 14.30 Uhr.

Deine Beispiele

	nehmen	können
ich	nehme	
du		
er, sie, es		kann
wir		
ihr		
sie, Sie		

Was möchten sie (nicht) machen?

Adam hat Lust,

Bianka hat Lust,

Sven hat keine Lust,

Lukas hat Lust,

Mesut hat keine Lust,

- Wann treffen wir uns heute?
-

- Wann habt ihr Sport?
-

-
- Am Freitag, um 12.00 Uhr.

- Wie lange bleibt ihr im Jugendzentrum?
-

-
- Bis Samstag.

Präposition *in* + Dativ

- Was kann man **im** Coffeeshop machen?
- **Im** Kaffeeshop? Kaffee trinken.

- Was kann man in **der** Eisdiele machen?
- In **der** Eisdiele? Eis essen.

- Was kann man **im** Restaurant machen?
- **Im** Restaurant? Essen und trinken.

Deine Beispiele

- Was kann man   Biologieraum machen?
-        Biologieraum? Experimente!
- Was kann man   Turnhalle machen?
-
- Was kann man   Multimediaraum machen?
-

Präposition *in* + Akkusativ

Wir gehen heute shoppen. **Wohin?**
In **den** Telefonladen.
In **die** Buchhandlung.
Ins Schuhgeschäft.

- Wohin gehst du, Anke?
- In **den** Computerraum.
- Und du, Lukas? Wohin gehst du?
- In **die** Mensa.
- Und ich gehe **ins** Sprachlabor.

- Maja, was brauchst du?
- Ich brauche ein neues T-Shirt.
- Dann gehen wir
- Markus, was brauchst du?
- Ich brauche neue Sportschuhe.
- Dann gehen wir   Sportgeschäft.
- Katja, was hast du jetzt?
- Ich habe jetzt zwei Stunden Sport.
- Dann gehen wir

Zusammengesetzte Wörter

das Obst	+	**der** Salat	=	**der** Obstsalat
der Käse	+	**das** Brot	=	**das** Käsebrot
die Mode	+	**das** Geschäft	=	**das** Modegeschäft
die Blumen	+	**der** Laden	=	**der** Blumenladen

der Sport	+ die Stunde	=	
die Englisch	+ der Lehrer	=	
die Biologie	+ der Raum	=	
die Musik	+ der Unterricht	=	

Wichtige Wörter

besuchen
Ich besuche das Europa-Gymnasium.

die Bibliothek, -en

die Cafeteria, -s

das Gymnasium, Gymnasien

die Mensa, Mensen
Ich esse in der Mensa.

der Multimediaraum, ⁼e
In der Schule gibt es einen Multimediaraum.

die Pause, -n
Wie lange dauert die Mittagspause?

schulfrei
Samstags ist schulfrei.

der Schulhof, ⁼e
Wir treffen uns auf dem Schulhof.

das Sprachlabor, -s

die Schwimmhalle, -n

(die) Biologie

(die) Chemie

(die) Geschichte

(die) Informatik

(die) Kunst

das Lieblingsfach, ⁼er
Was ist dein Lieblingsfach?

(die) Mathematik

(die) Physik

(die) Religion

(die) Sozialkunde

(der) Sport

der Stundenplan, ⁼e

der Unterricht (Singular)
Wann ist der Unterricht?

das Brot, -e
eine Scheibe Schwarzbrot

das Brötchen, -
zwei Brötchen mit Butter

das Ei, -er
Ich mag keine Eier.

der Fisch, -e
Ich esse (keinen) Fisch.

das Fleisch (Singular)

das Frühstück
Was isst du zum Frühstück?

das Gemüse, -

der Kakao (Singular)

der Käse

das Lieblingsessen
Was ist dein Lieblingsessen?

die Milch (Singular)

die Nudel, -n

das Obst (Singular)
Ich esse gern Obst und Gemüse.

der Salat, -e
Ich nehme einen gemischten Salat.

die Suppe, -n

zu Mittag essen
Was isst du zu Mittag?

zu Abend essen
Zu Abend esse ich Spaghetti.

die Autobahn, -en
Das Einkaufszentrum liegt an der Autobahn.

der Blumenladen, ⁼

die Boutique, -n

die Buchhandlung, -en

geöffnet
Wann ist das Geschäft geöffnet?

das Geschäft, -e

geschlossen

Abgemacht!

die Lust
Hast du Lust, ins Kino zu gehen?

wissen
Das weißt du doch!

Landeskunde

1 In welchem Text findest du diese Information?

Einkaufen in Österreich

Der Wiener Naschmarkt ist der größte Markt der Stadt. Man kann dort vor allem Obst und Gemüse, Brot, Fisch und Fleisch kaufen. Der Naschmarkt ist aber auch eine bekannte Sehenswürdigkeit. Seit 2000 gibt es rund um den Markt viele Restaurants und Bistros.

A

Brot ist in Österreich sehr wichtig. Es gibt sogar 300 verschiedene Brotsorten! Viele Österreicher kaufen ihr Brot nicht im Supermarkt, sondern in einer Bäckerei. Da schmeckt es nämlich sehr viel besser.

B

Mitten im Zentrum wartet seit 2012 das Einkaufszentrum „Wien Mitte". Hier kann man in 50 Geschäften auf 30.000 m² einkaufen. Sehr interessant ist aber auch die Architektur der Einkaufsgalerie. Die Geschäfte sind von Montag bis Freitag von 6 bis 21 Uhr und an Samstagen von 6 bis 18 Uhr geöffnet.

C

Wien ist viel mehr als Sissi, Prater und Pferdekutschen. Man kann hier nämlich auch super shoppen. Sehr beliebt sind die vielen Luxusboutiquen im Graben. So heißt eine der bekanntesten Straßen im Zentrum der Wiener Altstadt. Das einzige Problem: Die Boutiquen sind nicht billig.

D

1. Wie lange sind die Geschäfte in Österreich maximal geöffnet? **Text:**
2. Wo kaufen viele Österreicher frisches Brot? **Text:**
3. Wie heißt der größte Markt in Wien? **Text:**
4. Wo in Wien kann man Luxuskleidung kaufen? **Text:**

Projektecke **Wo wir einkaufen?**

Macht in Gruppen eine Liste von Sachen, die ihr kauft.

Notiert dann, wo ihr diese Sachen kauft. Vergleicht die Ergebnisse mit anderen Gruppen und macht eine Klassenstatistik.

> In meiner Gruppe kaufen alle Süßigkeiten: 3 Personen in einem Supermarkt und 2 Personen in einem kleinen Lebensmittelgeschäft.

1 Lies den Text und bilde Sätze. > LESEN

Essen online kaufen?

Mein Name ist Tom und ich komme aus Basel. Ich bin eigentlich immer online: am Laptop oder per Smartphone. Ich informiere mich übers Internet, ich kommuniziere per Internet und ich lerne online. Ach ja, ich kaufe auch übers Internet ein. Was ich kaufe? Bücher, natürlich Computer und Zubehör, aber auch Kleidung und Schuhe. Im Schuhgeschäft oder in der Buchhandlung bin ich nie. Ich habe seit Monaten kein Einkaufszentrum gesehen. Und jetzt fragt mich ein Freund: „Und Kartoffeln, Milch und Gemüse – kaufst du das auch online?" Meine Antwort: „Natürlich nicht". Ich denke nach: Warum kaufe ich online kein Essen? Ich weiß keine Antwort, aber ich weiß genau: Mein Essen kaufe ich nur im Supermarkt, in Lebensmittelgeschäften und auf dem Markt.

1. ☐ Tom kauft übers Internet …	**a.** nie im Internet.
2. ☐ Er sucht oft …	**b.** ob er im Internet auch Essen kauft.
3. ☐ Der Freund von Tom fragt, …	**c.** Bücher, Computer und Kleidung.
4. ☐ Tom kauft das Essen aber …	**d.** Informationen im Internet.

2 Was ist richtig: a, b oder c? Hör zu und kreuze an. > HÖREN ▶ 86

1. Wer geht in die Schulmensa?

a. ☐ Max.

b. ☐ Marie.

c. ☐ Max und Marie.

2. Wo findet Max die Speisekarte?

a. ☐ In der Schulmensa, auf einem Tisch.

b. ☐ Im Internet, über sein Smartphone.

c. ☐ Auf dem Weg zur Mensa, an der Wand.

3. Welches Menü nimmt Max?

a. ☐ Max nimmt Menü 2.

b. ☐ Max nimmt Menü 1.

c. ☐ Max nimmt Menü 3.

4. Warum nimmt Marie nur den Salat?

a. ☐ Es gibt keinen Gemüsereis mehr.

b. ☐ Sie isst kein Fleisch.

c. ☐ Das ganze Menü kostet zu viel.

3 Was bestellst du? Du hast nur 15 Euro dabei. Antworte. > SPRECHEN

Suppen		Getränke		Dessert / Kuchen	
Tomatencremesuppe mit Croutons	3,10	Mineralwasser	2,50	Eisbecher	3,80
Gulaschsuppe mit Brot	2,80	Cola	2,50	Obstsalat	3,20
Zwiebelsuppe	3,10	Apfelsaft	2,50	Schokopudding mit Sahne	3,20
				Apfelstrudel	3,00

Hauptgerichte		Heiße Getränke	
Schweinebraten mit Semmelknödeln	12,40	Glas Tee	1,70
Schnitzel mit Pommes und Salat	11,50	Tasse Kaffee	1,80
Bratwurst mit Kartoffelsalat	5,50	Espresso	2,00
Grillhähnchen mit Pommes	9,80	Cappuccino	2,20
Fischfilet mit Salzkartoffeln	13,20		
Gemüseauflauf	6,90		
Vegetarische Lasagne	8,10		
Käseplatte	6,50		
Bauernsalat	5,90		

Also, ich nehme **eine Gulaschsuppe** mit Brot, **einen Bauernsalat** und dann **einen Eisbecher**.

Und ich trinke **eine Cola**.

Ich nehme **keine Suppe**. Ich esse **ein Grillhähnchen** und trinke dazu **einen Apfelsaft**. Zum Schluss nehme ich **einen Obstsalat**.

Das geht nicht! Also, **ein Grillhähnchen** kostet 9,80 Euro, **ein Apfelsaft** kostet 2,50 Euro und **ein Obstsalat** 3,20 Euro. Das macht 15,50 Euro!!

4 Lies die Anzeige und schreib eine E-Mail an die Redaktion. > SCHREIBEN

Umfrage zum Thema:

SCHULE UND SCHÜLERALLTAG

Was hast du zu sagen?
Wir möchten das wissen.

Hast du Lust mitzumachen? Schreib darüber und schick uns eine E-Mail.
Juz-Redaktion@com.de

Betreff

Hallo!
Ich habe die Anzeige gelesen und möchte gern mitmachen.

A. Stell dich kurz vor.
B. Stell deine Schule vor.
C. Schreib über deine Lehrer und Lehrerinnen.
D. Welche Fächer lernst du (nicht) gern?

Lektion 10

WIE LÄUFT DEIN TAG AB?

A Um wie viel Uhr steht Jakob auf?

Herr Neumann, Nachtportier	Frau Schulz, Sekretärin	Jakob, Schüler
  fährt mit dem Bus nach Hause zurück.	 steht auf.	 frühstückt.
  schläft.	 zieht sich an.	 fährt mit dem Bus zur Schule.
  schläft.	 fährt mit dem Auto ins Büro.	 kommt in der Schule an.
  träumt.	 fängt ihre Arbeit an.	 schreibt eine Mathearbeit.
  duscht.	 isst zu Mittag.	 kommt zu Hause an.

liest Zeitung.

ruft den Direktor an.

sieht fern.

isst zu Abend.

bereitet das Essen zu.

trifft Freunde auf Facebook.

fängt seine Arbeit an.

geht ins Bett.

schläft.

1 Hör zu und sprich nach. > HÖREN ▶ 87

2 Ich frage, du antwortest ... Bildet Dialoge. > SPRECHEN

- Was macht Herr Neumann um 7.00 Uhr?
- Er schläft.

- Wer geht um 22.00 Uhr ins Bett?
- Frau Schulz geht um 22.00 Uhr ins Bett.

3 Antworte. > SPRECHEN

1. Um wie viel Uhr fängt Herr Neumann seine Arbeit an?
2. Um wie viel Uhr kommt Jakob in der Schule an?
3. Um wie viel Uhr ruft Frau Schulz den Direktor an?
4. Um wie viel Uhr isst Frau Schulz zu Mittag?
5. Um wie viel Uhr isst Herr Neumann zu Abend?

6. Wohin fährt Frau Schulz um 7.40 Uhr?
7. Wohin fährt Herr Neumann um 6.30 Uhr?
8. Was macht Jakob um 8.05 Uhr?
9. Wann liest Herr Neumann Zeitung?
10. Was macht Frau Schulz um 18.45 Uhr?

4 Lies die Geschichten noch einmal. Suche die Verben unten. > LESEN

zurückfahren · aufstehen · anziehen · ankommen · anfangen · anrufen · fernsehen · zubereiten

Was merkst du?

5 Schreib Sätze wie im Text. > WORTSCHATZ

zurück|fahren	*Herr Neumann fährt mit dem Bus nach Hause zurück.*
an|fangen	
auf|stehen	
an|rufen	
an|ziehen	
fern|sehen	
an|kommen	
zu|bereiten	

Grammatik

aufstehen ▶ Ich stehe **auf**.
anrufen ▶ Ich rufe **an**.
fernsehen ▶ Ich sehe **fern**.

6 Erzähle. Dann interviewe deine Partnerin / deinen Partner. > SPRECHEN

Um wie viel Uhr stehst du auf?   Um wie viel Uhr isst du zu Mittag?

Was isst du zum Frühstück?   Was machst du um 15.00 Uhr?

Wann fährst du zur Schule?   Siehst du fern? Wann?

Wie fährst du zur Schule?   Wann fängt die Schule an?   Wie viele Stunden?

Um wie viel Uhr kommst du   Um wie viel Uhr isst du zu Abend?

von der Schule nach Hause zurück?   Wann gehst du schlafen?

7 Ich frage, du antwortest ... Bildet Dialoge. > SPRECHEN

Grammatik

jeden Morgen ▶ morgen**s**
jeden Abend ▶ abend**s**
jede Nacht ▶ nacht**s**

● Was machst du am Morgen?
● Am Morgen stehe ich auf.

am Morgen   am Vormittag   am Nachmittag   am Abend   in der Nacht

AB-Übungen
1 – 14

B Herr Schröder, wie fahren Sie zur Schule?

8 Hör zu und markiere die richtige Reihenfolge. > HÖREN ▶ 88

● Sie wohnen nicht direkt im Zentrum. Wie fahren Sie zur Schule?
● Ja, ich wohne am Stadtrand. Also fahre ich jeden Tag mit dem Bus zur Schule.

● Wie sieht Ihr Alltag aus?
● Vormittags in der Schule, nachmittags zu Hause: Korrektur der Klassenarbeiten, Vorbereitung der Stunden für den nächsten Tag. Manchmal Lehrerkonferenz.

● Was gefällt Ihnen an Ihrem Beruf und was gefällt Ihnen nicht?
● Langweilig finde ich die Korrektur der Klassenarbeiten. Sehr schön finde ich den Kontakt mit jungen Leuten.

● Nie mit dem Auto?
● Na ja … es passiert manchmal, dass ich spät aufstehe oder dass ich den Bus verpasse. Dann fahre ich mit dem Auto zur Schule.

● Herr Schröder, Sie sind Lehrer. Was unterrichten Sie?
● Ich unterrichte Deutsch und Geschichte.   *1*

● Herr Schröder, ich wünsche Ihnen viel Spaß mit Ihren Schülern.
● Danke, danke.

● Wie alt sind Ihre Schüler?
● Ich unterrichte Schüler der Klassen 8 bis 10. Meine Schüler sind also zwischen 14 und 16 Jahren alt.

● Herr Schröder, sind Sie gern Lehrer?
● Ja, ich liebe meinen Beruf. Und ich mag meine Fächer.

9 Antworte. > SPRECHEN

1. Was unterrichtet Herr Schröder?
2. Was macht er vormittags und nachmittags?
3. Wie fährt Herr Schröder zur Schule?
4. Wie alt sind seine Schülerinnen und Schüler?
5. Was findet Herr Schröder schön an seinem Beruf? Was nicht?

10 Wie fährt Herr Schröder wohin? Hör zu und kreuze an. > HÖREN ▶ 89

	Bus	Auto	U-Bahn	Straßenbahn	Zug	Fahrrad	Mofa	zu Fuß
Schule								
Marktplatz								
Post								
Bahnhof								
Bank								
Rathaus								
Einkaufszentrum								

Und du?
Wie fährst du zur Schule?

Grammatik

Wie? ▶ mit ▶ Dativ

mit **dem** Bus
mit **der** U-Bahn
mit **dem** Auto

Grammatik

Wohin? ▶ zu ▶ Dativ

zu **dem** Bahnhof
zu **der** Bank
zu **dem** Rathaus

Merk es dir:
zu + dem ▶ zum
zu + der ▶ zur

11 Herrn Schröders Wochenplan. Bildet Dialoge. > SPRECHEN

Montag	Spanisch in der Sprachschule „Multilingua"
Dienstag	Klassenarbeiten korrigieren
Mittwoch	mit Frau Richter ins Kino gehen
Donnerstag	ins Fitnessstudio gehen
Freitag	einkaufen gehen, die Wohnung aufräumen
Samstag	ins Stadion gehen: FC Bayern gegen Borussia Dortmund
Sonntag	sich zu Hause ausruhen

● Was macht Herr Schröder am Dienstag?
● Er korrigiert die Klassenarbeiten.

● Wohin geht Herr Schröder am Mittwoch?
● Am Mittwoch geht er mit Frau Richter ins Kino.

● Geht Herr Schröder am Donnerstag in die Sprachschule?
● Nein, am Donnerstag geht er ins Fitnessstudio.

AB-Übungen
15–22

C Was hast du am Wochenende gemacht?

Lukas

Hallo, Leute! Wie war das Wochenende? Was habt ihr gemacht? Mein Wochenende war schön. Am Samstag haben wir, Adam und ich, ein Computerspiel gespielt. Am Sonntag habe ich mit Mike aus England gechattet.

16:06 ✓✓

Lenka

Hi, Lukas! Das war sicher interessant! Und ich? Ich habe über Frühlingsmode gebloggt. Am Sonntag habe ich italienisch gekocht. Am Nachmittag sind wir, meine Mutter und ich, 10 Kilometer gejoggt!

16:17 ✓✓

Sven

Grüß euch alle! Mein Wochenende war eher langweilig, ich habe Mathe gelernt und meine Aufgaben an den Lehrer gemailt.

16:28 ✓✓

Adam

Hallo, Freunde. Mein Wochenende war ganz schlecht, ich bin am Freitag mit meinem Fahrrad gegen einen Baum gerast. Das Fahrrad ist kaputt und mein Bein ist verletzt … So viel Pech! Am Sonntag-abend habe ich mit Lukas ein Spiel gespielt, Lukas war Sieger! Das hat mich nicht gefreut.

17:04 ✓✓

Lenka

Tut mir leid, Adam. Gute Besserung!

17:06 ✓✓

12 Zum Verständnis. Bilde Sätze. > LESEN

Lenka		Aufgaben an den Lehrer gemailt.
Lenka		ein Computerspiel gespielt.
Lukas	hat	Mathe gelernt.
Sven	ist	italienisch gekocht.
Adam		über Frühlingsmode gebloggt.
		gegen einen Baum gerast.
		mit ihrer Mutter 10 Kilometer gejoggt.
		mit Mike aus England gechattet.

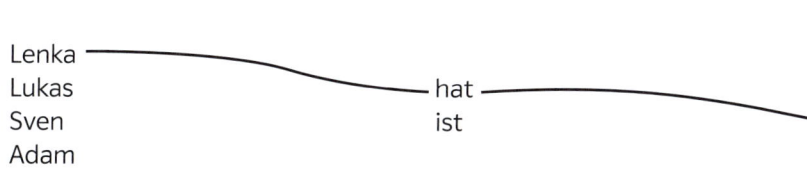

Lenka hat über Frühlingsmode gebloggt.

13 Zur Kontrolle. Hör zu und sprich nach. > HÖREN ⏵ 90

14 Ich frage, du antwortest … > SPRECHEN

- Wer **hat** die Aufgaben an den Lehrer **gemailt**?
- Sven hat die Aufgaben an den Lehrer gemailt.

- Wer **ist** 10 Kilometer **gejoggt**?
- Lenka und ihre Mutter sind 10 Kilometer gejoggt.

Grammatik

Perfekt

chatten	▶	hat … gechattet
lernen	▶	hat … gelernt
spielen	▶	hat … gespielt
rasen	▶	ist … gerast

15 Perfekt: Was gehört zusammen? > WORTSCHATZ

1.	mailen	**a.** ist … gerast
2.	freuen	**b.** hat … gelernt
3.	bloggen	**c.** ist … gejoggt
4.	kochen	**d.** hat … gefreut
5.	spielen	**e.** hat … gechattet
6.	lernen	**f.** hat … gekocht
7.	chatten	**g.** hat … gespielt
8.	joggen	**h.** hat … gebloggt
9.	rasen	**i.** hat … gemailt

16 Richtig (R) oder falsch (F)? Hör zu, lies mit und kreuze an. > HÖREN ▶ 91

1. Tag, Emma! Du siehst heute traurig aus.

2. Hallo, Sophie! Ich hatte einen schlechten Tag gestern.

3. Warum? Hast du schlecht geschlafen?

4. Nein, aber ich habe gestern meine Tasche verloren!

5. Wo hast du deine Tasche verloren?

6. Ich weiß nicht genau. Tim und ich sind gestern ins Kino gegangen. Er hat die Kinokarten vergessen und wir sind noch schnell zurück in sein Haus gefahren. Die Karten waren zum Glück da. Wir haben dann den Film „Star Wars" gesehen. Der Film war super. Nur meine Tasche war einfach weg!

7. Oh, das tut mir leid, Emma.

	R	F
1. Emma hat schlecht geschlafen.		
2. Tim und Emma sind gestern ins Kino gefahren.		
3. Emma hat die Kinokarten verloren.		

17 Perfekt: Was gehört zusammen? > WORTSCHATZ

1. ☐ hat … geschlafen
2. ☐ hat … verloren
3. ☐ ist … gegangen
4. ☐ hat … vergessen
5. ☐ ist … gefahren
6. ☐ hat … gesehen

a. sehen
b. vergessen
c. schlafen
d. verlieren
e. gehen
f. fahren

18 Ergänze die SMS an Emma. > SCHREIBEN

SMS an **Emma**   SENDEN

Emma, ich habe deine Tasche

_____ !

Sie _____ in meinem Haus!

Ich bringe sie dir in die Schule! 😊 Tim

AB-Übungen
23–31

Phonetik

1 Hör zu und markiere das Wort, das in der Antwort am meisten betont ist. > HÖREN ▶ 92

a. ● Ist Frau Krause am Samstag nach München gefahren?
   ● Nein, Frau Krause ist am <u>Sonntag</u> nach München gefahren.

b. ● Muss Lena um 12.00 Uhr in die Turnhalle?
   ● Nein, Lena muss um 12.00 Uhr in die Schwimmhalle.

c. ● Geht Paul heute ins Kino?
   ● Nein, Jens geht heute ins Kino.

2 Hör die Antworten und achte auf die Betonung. Welche Frage passt zu der Antwort? > HÖREN ▶ 93

a. ● ☐ Hat Lena um 8.00 Uhr Mathematik? / ● ☐ Hat Paul um 10.00 Uhr Mathematik?
   ● Nein, Paul hat um 8.00 Uhr Mathematik.

b. ● ☐ Hat Tim gestern sein Mathebuch verloren? / ● ☐ Hat Tim heute sein Englischbuch verloren?
   ● Nein, Tim hat heute sein Mathebuch verloren.

c. ● ☐ Möchte Anna ein Schinkenbrot essen? / ● ☐ Möchte Lena zwei Schinkenbrote essen?
   ● Nein, Anna möchte zwei Schinkenbrote essen.

Verben im Präsens

	fahren	schlafen
ich	fahre	schlafe
du	fährst	schläfst
er, sie, es	fährt	schläft
wir	fahren	schlafen
ihr	fahrt	schlaft
sie, Sie	fahren	schlafen

	an|fangen	fern|sehen
ich	fange an	sehe fern
du	fängst an	siehst fern
er, sie, es	fängt an	sieht fern
wir	fangen an	sehen fern
ihr	fangt an	seht fern
sie, Sie	fangen an	sehen fern

Trennbare Verben

Frau Schulz **steht** um 6.30 Uhr **auf**.

Die Schule **fängt** um 8.00 Uhr **an**.
Ich **komme** um 13.00 Uhr **zurück**.
Wir **bereiten** das Frühstück **zu**.

Präposition *mit* + Dativ

- Wie fährst du zur Schule, Max?
- Mit **dem** Bus oder mit **dem** Fahrrad.
- Olga und Jonas, wie fahrt ihr zum Bahnhof?
- Mit **dem** Taxi oder mit **der** Straßenbahn.

Präposition *zu* + Dativ

Zum Bahnhof, bitte!
Zur Post, bitte!
Zum Einkaufszentrum, bitte!

Deine Beispiele

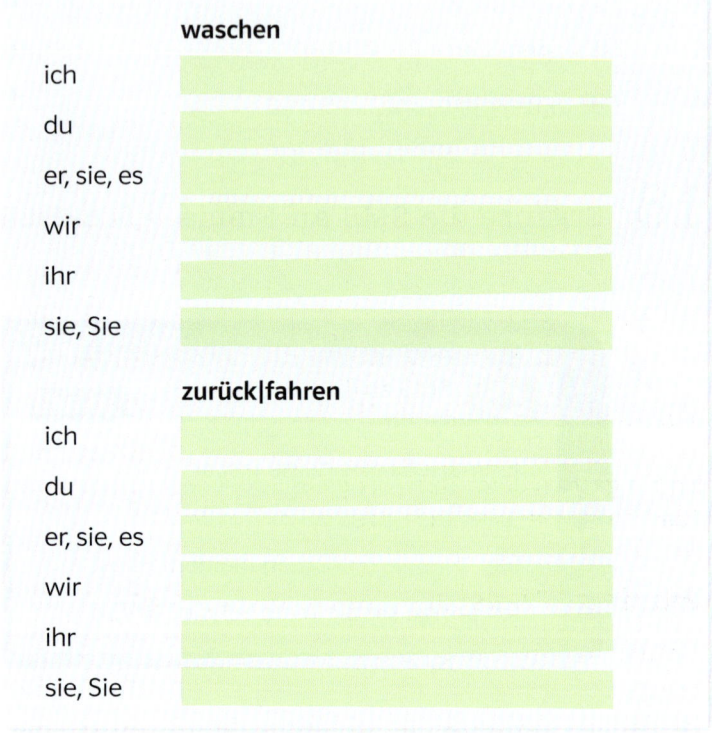

waschen

ich	
du	
er, sie, es	
wir	
ihr	
sie, Sie	

zurück\|fahren

ich	
du	
er, sie, es	
wir	
ihr	
sie, Sie	

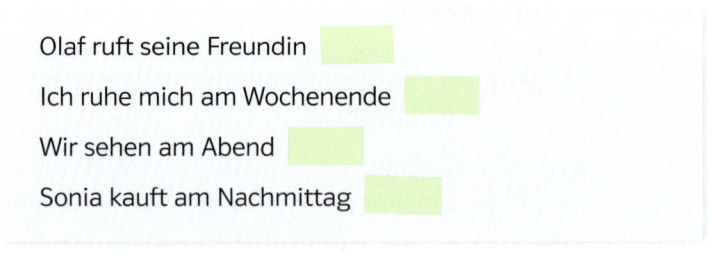

Olaf ruft seine Freundin
Ich ruhe mich am Wochenende
Wir sehen am Abend
Sonia kauft am Nachmittag

mit   Mofa   mit   U-Bahn
mit   Auto   mit   Zug

- Wohin fährst du mit dem Fahrrad?
-
- Wohin fährst du mit der Straßenbahn?
-

zu Hause / nach Hause

Heute Abend bleibe ich **zu Hause** und sehe fern.
Ich bin am Wochenende **zu Hause**.
Nach der Schule gehe ich **nach Hause**.
Ich komme um 20.00 Uhr **nach Hause** zurück.

> **Merk es dir!**
> Ich komme um 13.30 Uhr **zu Hause** an.

Perfekt (regelmäßige Verben)

Was **haben** sie am Wochenende **gemacht**?

Wir **haben** am Computer **gespielt**.
Ich **habe** mit Mary **gechattet**.
Lenka **hat** Tomatensuppe **gekocht**.
Joe **hat** über seine Ferien **gebloggt**.
Inge **hat** Mathe und Bio **gelernt**.

Ich **bin** gestern durch den Park **gejoggt**.
Adam **ist** mit dem Fahrrad gegen den Baum **gerast**.

Partizip Perfekt

kaufen	▶	**ge**-kauf-**t**
sagen	▶	**ge**-sag-**t**
fragen	▶	**ge**-frag-**t**
machen	▶	**ge**-mach-**t**
malen	▶	**ge**-mal-**t**

Perfekt (unregelmäßige Verben)

Ich **habe** sehr gut **geschlafen**.
Sie **hat** ihre Tasche **verloren**.
Ich **habe** mein Handy **vergessen**.
Wir **haben** den Film nicht **gesehen**.

Maria **ist** ins Kino **gegangen**.
Mein Opa **ist** nach Berlin **gefahren**.

Partizip Perfekt

schlafen	▶	**ge**-schlaf-**en**
sehen	▶	**ge**-seh-**en**
fahren	▶	**ge**-fahr-**en**
gehen	▶	**ge**-gang-**en**

Deine Beispiele

Jens ist nicht ⬜ Hause.
Wann gehst du ⬜ Hause?
Wir treffen uns bei Pia ⬜ Hause.
Ich warte bis 12.00 Uhr ⬜ Hause.

Julia ⬜ einen Pullover gekauft.
⬜ du gestern Musik gemacht?
Ich ⬜ mit meiner Freundin 5 km gejoggt.
Wer ⬜ am Morgen geduscht?

sparen	▶	⬜
skypen	▶	⬜
suchen	▶	⬜
dauern	▶	⬜
starten	▶	⬜

Paul ⬜ nicht gesehen.
Sophie ⬜ gefahren.
Emma ⬜ vergessen.
Leon ⬜ verloren.
Sophie ⬜ gegangen.

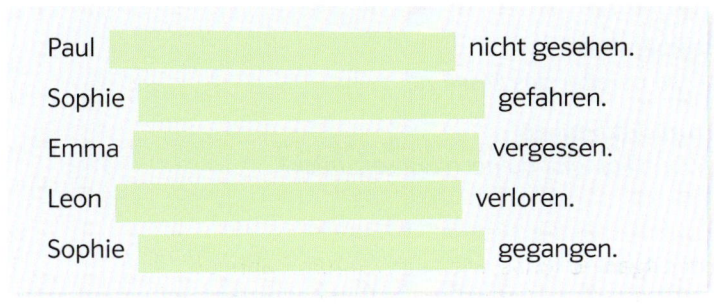

essen	▶	⬜
trinken	▶	⬜
kommen	▶	⬜
sprechen	▶	⬜

Wichtige Wörter

ab|laufen
Wie läuft dein Tag ab?

ab|waschen
Sie wäscht oft ab.

der Alltag
Wie sieht dein Alltag aus?

an|fangen

an|kommen
Sie kommt um 8.00 Uhr im Büro an.

an|rufen
Ich rufe meinen Freund an.

an|ziehen
Claudia zieht das Kleid an.

auf|räumen
Räumst du dein Zimmer auf?

auf|stehen

sich aus|ruhen
Am Abend ruhen wir uns aus.

aus|sehen
Du siehst sehr traurig aus.

bügeln

ein|kaufen
Wo kaufst du ein?

fern|sehen
Siehst du gern fern?

Staub saugen

träumen

zu|bereiten
Olga bereitet das Essen zu.

zurück|kommen
Wann kommst du nach Hause zurück?

das Auto, -s

der Bus, -se

fahren
Fährst du mit dem Mofa?

das Fahrrad, ¨er
Mein Fahrrad ist kaputt.

das Mofa, -s

die Straßenbahn, -en

die U-Bahn, -en
Ich fahre mit der U-Bahn zum Bahnhof.

der Zug, ¨e

zu Fuß
Ich gehe zu Fuß zur Schule.

das Büro, -s
Sie fährt ins Büro.

das Fitnessstudio, -s
Am Montag gehe ich ins Fitnessstudio.

die Klassenarbeit, -en
Ich finde die Klassenarbeiten langweilig.

der Kontakt, -e
Ich finde den Kontakt mit jungen Menschen schön.

das Stadion, Stadien

bloggen
Lukas hat gestern gebloggt.

chatten

einfach
Die Tasche war einfach weg!

joggen

kochen
Wie lange hast du gekocht?

mailen

rasen
Adam ist gegen den Baum gerast.

schlafen
Hast du gut geschlafen?

sehen
Ich habe den Film noch nicht gesehen.

vergessen
Tom hat die Kinokarten vergessen.

verlieren
Hanna hat die Tasche verloren.

Gute Besserung!

Tut mir leid!

Viel Spaß!

Landeskunde

1 Richtig (R) oder falsch (F)? Lies den Text und kreuze an.

Nur in Wuppertal

Fast alle der Städte der Welt haben Busse oder Straßenbahnen und in vielen Metropolen fährt eine U-Bahn. Bestimmt ist das auch in deiner Stadt so. Das ist doch ganz normal. Aber eine Schwebebahn, die gibt es nur im deutschen Wuppertal. Eine Linie fährt quer durch die Stadt von Nord-Osten nach Süd-Westen und stoppt an 20 Haltestellen. Sie fährt dabei nicht auf der Straße, sondern hängt an einer Konstruktion in 8 bis 12 Metern Höhe. Die Maximalgeschwindigkeit ist 60 km/h! Die Touristen lieben die Bahn und kommen oft nur deswegen nach Wuppertal. Da können sie auch Postkarten kaufen, mit einem beliebten Motiv: einem Elefanten. 1950 hat es nämlich einen Unfall gegeben. Als Reklame für einen Zirkus hat die Schwebebahn Tuffi transportiert, das war der Name des Elefanten. Tuffi war aber sehr nervös und ist in die Wupper gefallen. Das ist der Fluss in Wuppertal. Zum Glück ist dem Elefanten nichts passiert und er hat bis 1989 gelebt.

R   F

1. In vielen Städten gibt es eine Schwebebahn.
2. Es gibt 20 Haltestellen.
3. Die Schwebebahn fährt auf der Straße.
4. Die Schwebebahn ist eine Sehenswürdigkeit.
5. Die Postkarten in Wuppertal machen Reklame für einen Zirkus.
6. Der Fluss in Wuppertal heißt Tuffi.

Projektecke Transportmittel in deinem Land

Was ist ein typisches Transportmittel in deinem Land oder deiner Stadt? Beantwortet die Fragen und schreibt in Gruppen einen kurzen Text.

Wie heißt das Transportmittel?
Welche Farbe hat es?
Wie lang ist das Transportmittel ungefähr?
Wie schnell kann es fahren?
Wie viele dieser Transportmittel fahren in deiner Stadt?
Seit wann gibt es dieses Transportmittel?
Gibt es eine interessante Geschichte wie die von Tuffi?

1 Richtig (R) oder falsch (F)? Lies die E-Mail und kreuze an. > LESEN

von	Melanie	**an**	Sandra

Hallo Sandra,

tut mir leid, dass ich am letzten Wochenende keine Zeit hatte. Du weißt doch: Meine Eltern arbeiten von Montag bis Freitag sehr, sehr viel. Für das Wochenende hatten sie einen Plan. Am Samstag hat die ganze Familie gemeinsam den Haushalt gemacht. Meine Schwester hat abgewaschen und abgetrocknet. Ich habe in der ganzen Wohnung Staub gesaugt. Mein Bruder hat eingekauft. Meine Mutter hat das Wohnzimmer und die Küche aufgeräumt. Und mein Vater hat mit der Renovierung des Badezimmers angefangen. Ganz schön viel, oder? Am Sonntag hatten wir dann einen Familientag. Wir sind spät aufgestanden und haben lange zusammen gefrühstückt. Danach haben wir einen kleinen Ausflug gemacht. Später am Sonntag haben wir noch meine Großeltern angerufen und ein bisschen ferngesehen. Danach sind wir ausgegangen, in ein tolles Restaurant. Wir haben uns also ausgeruht. Aber weißt du was? Das nächste Wochenende gehört uns. Da ist dann kein Familientag, da ist ein Freundinnentag. Okay?

Bis bald
Melanie

		R	F
1.	Melanie hat sich am Wochenende mit Sandra getroffen.	☐	☐
2.	Melanies Eltern arbeiten am Wochenende viel.	☐	☐
3.	Am Samstag hat Melanies Familie Ordnung gemacht.	☐	☐
4.	Am Samstag ist Melanies Familie zusammen essen gegangen.	☐	☐
5.	Am Sonntag hat sich Melanies Familie ausgeruht.	☐	☐

2 Lies die Anzeige und schreib eine E-Mail. > SCHREIBEN

Umfrage zum Thema:

ALLTAG UND ALLTÄGLICHES

Was machst du jeden Tag?
Wie sieht dein Wochenende aus?

Wir möchten das wissen.
Hast du Lust, mitzumachen?
Dann schicke uns eine E-Mail und
erzähle davon! Juz-Redaktion@com.de

Betreff	

A. Stell dich kurz vor.
B. Schreib über deinen typischen Tag.
C. Hilfst du im Haushalt? Wie oft? Was machst du?
D. Erzähle von deinen Aktivitäten am Wochenende.

3 Interview mit Stefan. Hör zu und sammle Informationen. > HÖREN ▶ 94

Stefan, du möchtest also Profispieler werden, oder?

Ja, ich möchte Profispieler werden!

Angaben zu Stefan		
Stefans Tagesablauf	vormittags:	
	nachmittags:	
	abends:	
	samstagsnachmittags:	
Pläne für die Zukunft		

4 Bilde Sätze. Dann rekonstruiere die Fragen. > WORTSCHATZ

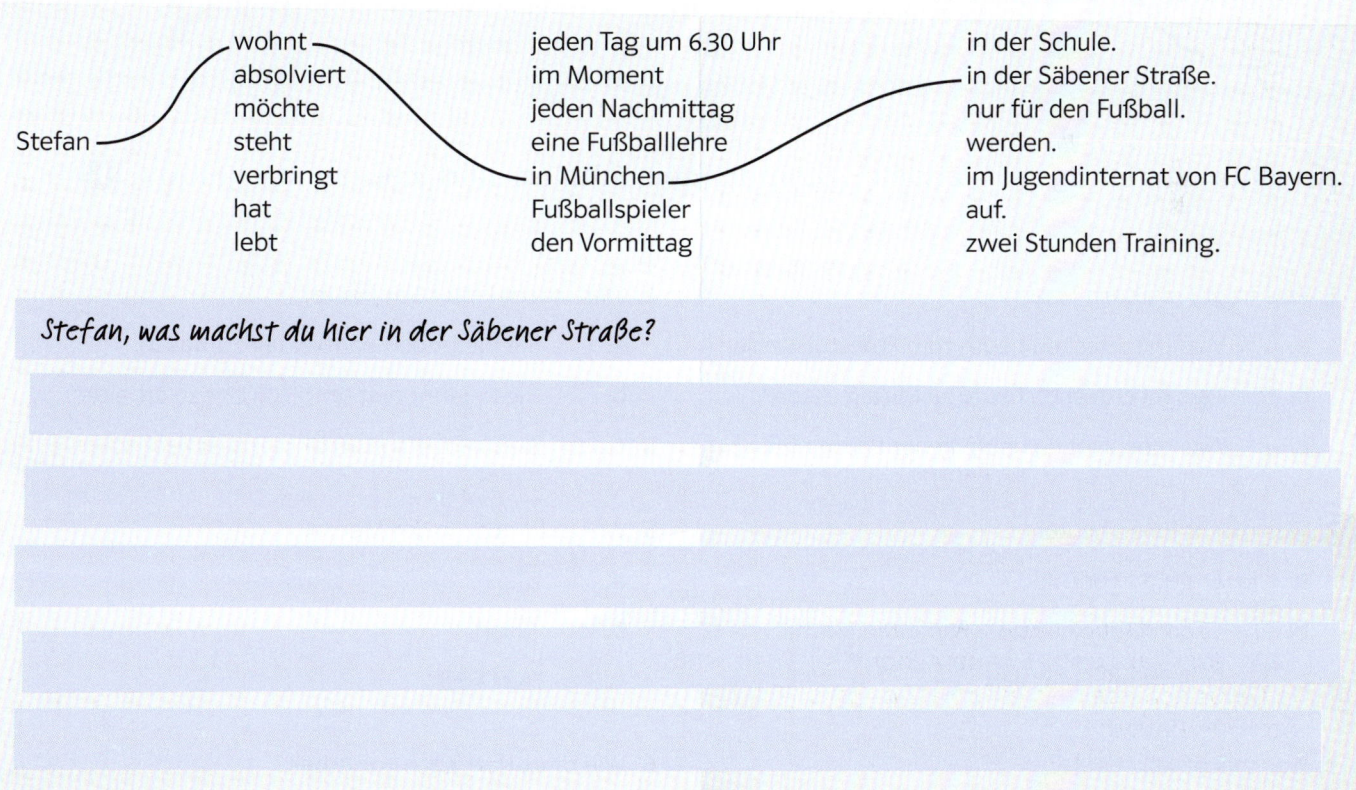

Stefan — wohnt, absolviert, möchte, steht, verbringt, hat, lebt

jeden Tag um 6.30 Uhr, im Moment, jeden Nachmittag, eine Fußballlehre, in München, Fußballspieler, den Vormittag

in der Schule. / in der Säbener Straße. / nur für den Fußball. / werden. / im Jugendinternat von FC Bayern. / auf. / zwei Stunden Training.

Stefan, was machst du hier in der Säbener Straße?

5 Spielt das Gespräch in Paaren. > SPRECHEN

VIDEOSTATION 4
JEDEN MORGEN
BEI FAMILIE KOCH

1 Beantworte die Fragen.

Was isst und trinkt
Familie Koch zum Frühstück?

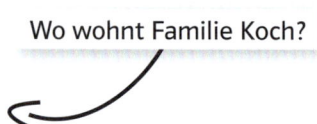

Wo wohnt Familie Koch?

2 Was ist richtig: a, b oder c? Sieh dir den Film an und kreuze an. > FILM 4 ▶

1. Was fragt Frau Koch Max?

a. ☐ Was möchtest du heute zum Frühstück essen?

b. ☐ Was möchtest du heute zu Mittag essen?

c. ☐ Was möchtest du heute in der Pause essen?

2. Was macht Julian heute?

a. ☐ Er geht in den Zoo.

b. ☐ Er schreibt eine Klassenarbeit in Mathe.

c. ☐ Er lernt mit Frau Lach.

3. Was macht Max heute?

a. ☐ Er geht in den Zoo.

b. ☐ Er schreibt eine Klassenarbeit in Mathe.

c. ☐ Er lernt mit Frau Riemer.

4. Was macht Frau Koch heute?

a. ☐ Sie bleibt den ganzen Tag zu Hause.

b. ☐ Sie beginnt erst um 15.00 Uhr zu arbeiten.

c. ☐ Sie bleibt bis 15.00 Uhr im Krankenhaus.

5. Wer isst heute in der Mensa?

a. ☐ Max.

b. ☐ Julian.

c. ☐ Herr Koch.

6. Wie fährt Herr Koch zur Arbeit?

a. ☐ Mit dem Zug.

b. ☐ Mit dem Bus.

c. ☐ Mit dem Auto.

3 Morgengespräche. Wer spricht mit wem? Sieh dir den Film an
und ergänze die Namen. > FILM 4 ▶

- ☐ Guten Morgen, … Gut geschlafen?
- ☐ Na ja, eigentlich möchte ich weiterschlafen.

- ☐ … was möchtest du heute in der Pause essen?
- ☐ Ach, das ist egal … ein Käsebrot, oder einen Apfel …

- ☐ … wo bleibst du denn? Bist du immer noch im Bad?
- ☐ Ich bin fertig. Ich komme … Guten Morgen!

- ☐ … bist du fertig? Unser Bus fährt in fünf Minuten.
- ☐ Ich esse mein Nutellabrot fertig und komme …

- ☐ Wir schreiben heute eine Klassenarbeit in Mathe.
- ☐ Na, dann … viel Glück!

- ☐ Wir gehen heute in den Zoo! Ist es nicht toll?
- ☐ Das ist ja super!
- ☐ Du hast es gut.

1 Max

2 Frau Koch

3 Herr Koch

4 Julian

4 Bilde Dialoge.

- _____
- Ach, das ist egal.

- _____ Ist es nicht toll?
- Das ist ja super!

- _____
- Du hast es gut.

- _____
- Na, dann … viel Glück!

5 🔍 Wer kann am schnellsten die Fragen beantworten?

1. Wo sitzt Familie Koch? 🔍
2. Wer kommt als Erster zu Tisch: Max oder Julian?
3. Wer nimmt einen Apfel?
4. Wer sieht auf die Uhr?

Bist du scharfsinnig?

Trackliste

Track	Lektion, Übung	Länge
1	L1, Ü1	00:22
2	L1, Ü5	00:47
3	L1, Ü6	00:35
4	L1, Ü8	00:29
5	L1, Ü10	00:43
6	L1, Ü15	00:54
7	L1, Ü17	00:42
8	L1, Ü24	00:11
9	L1, Phonetik, Ü1	00:36
10	L1, Zwischenstopp 1, Ü3	01:04
11	L2, Ü1	00:55
12	L2, Ü5	00:36
13	L2, Ü6	00:21
14	L2, Ü7	00:27
15	L2, Ü9	01:04
16	L2, Ü11	00:25
17	L2, Ü13	00:37
18	L2, Ü15	01:12
19	L2, Ü19	01:19
20	L2, Ü21	00:37
21	L2, Phonetik, Ü1	00:45
22	L2, Phonetik, Ü2b	00:33
23	L2, Zwischenstopp 2, Ü4	01:15
24	L2, Zwischenstopp 2, Ü5	00:41
25	L3, Ü1	00:19
26	L3, Ü4	00:48
27	L3, Ü6	00:48
28	L3, Ü9	00:37
29	L3, Ü10	00:36
30	L3, Ü12	00:37
31	L3, Ü15	00:53
32	L3, Phonetik, Ü1	00:44
33	L3, Phonetik, Ü2	00:44
34	L3, Phonetik, Ü3	00:29
35	L3, Zwischenstopp 3, Ü4	00:26
36	L3, Zwischenstopp 3, Ü5	00:25
37	L4, Ü1	00:29
38	L4, Ü4	00:57
39	L4, Ü8	00:36
40	L4, Ü13	00:42
41	L4, Ü16	01:21
42	L4, Phonetik, Ü1a	00:25
43	L4, Phonetik, Ü1b	00:17
44	L4, Phonetik, Ü3	00:18
45	L4, Zwischenstopp 4, Ü4	01:26
46	L5, Ü1	01:52
47	L5, Ü7	00:38
48	L5, Ü8	00:22
49	L5, Ü11	00:32
50	L5, Ü13	00:19
51	L5, Phonetik, Ü1	00:31
52	L5, Zwischenstopp 5, Ü3	01:22
53	L6, Ü2	00:52
54	L6, Ü4	00:24
55	L6, Ü7	01:11
56	L6, Ü8	00:25
57	L6, Ü13	00:20
58	L6, Ü14	00:34
59	L6, Ü17	01:27
60	L6, Phonetik, Ü1a	00:25
61	L6, Phonetik, Ü1b	00:16
62	L6, Phonetik, Ü2a	00:26
63	L6, Phonetik, Ü2b	00:16
64	L6, Zwischenstopp 6, Ü2	01:24
65	L7, Ü2	00:42
66	L7, Ü4	00:19
67	L7, Ü6	01:12
68	L7, Ü9	01:10

Track	Lektion, Übung	Länge
69	L7, Ü10	00:17
70	L7, Ü12	01:00
71	L7, Phonetik, Ü1	00:43
72	L7, Phonetik, Ü2	00:56
73	L7, Zwischenstopp 7, Ü2	01:06
74	L8, Ü1	00:34
75	L8, Ü9	00:45
76	L8, Ü16	02:26
77	L8, Phonetik, Ü1	00:36
78	L8, Phonetik, Ü3	00:20
79	L8, Zwischenstopp 8, Ü3	01:25
80	L9, Ü8	00:39
81	L9, Ü12	01:33

Track	Lektion, Übung	Länge
82	L9, Ü15	00:31
83	L9, Phonetik, Ü1a	00:32
84	L9, Phonetik, Ü1b	00:21
85	L9, Phonetik, Ü2	00:21
86	L9, Zwischenstopp 9, Ü2	01:24
87	L10, Ü1	01:29
88	L10, Ü8	01:19
89	L10, Ü10	00:38
90	L10, Ü13	00:42
91	L10, Ü16	00:45
92	L10, Phonetik, Ü1	00:33
93	L10, Phonetik, Ü2	00:24
94	L10, Zwischenstopp 10, Ü3	02:09

gesamt: 72:25

Tonaufnahmen

Sprecher: Kim Engelhardt, Lucie Glasmeyer, Luzie Marquardt, Stefan Moos, Matthew Popp, Felix Rick, Jenny Ulbricht, David Wurm
Tontechnik: Daniel Keinath
Produktion: Bauer Studios GmbH, Ludwigsburg (internationale Ausgabe)

Bild- und Quellennachweis